5000天後的世界

5000日後の世界

繼網際網路、iPhone、社群網站之後，全球科技趨勢大師KK的——未來預測

KEVIN KELLY
凱文・凱利＝著
大野和基＝採訪／編撰
服部　桂＝日本版譯者
黃品玟＝譯

台灣版導讀

未來5000天，科技想要什麼？

吳其勳／iThome總編輯

本書作者凱文．凱利（KK）被譽為科技預言家，是全球公認的科技趨勢大師，成功預言四大科技巨頭GAFA贏家全拿的法則，以及免費增值經濟、收穫遞增法則、物聯網等趨勢。KK曾經是全球知名科技雜誌《連線》的創刊主編，長期探討科技發展趨勢的著作——一九九二年的《釋控》、一九九八年的《新經濟的新規律》、二〇一〇年的《科技想要什麼》，及二〇一六年的《必然》，不僅是科技人必讀的經典，更獲得眾多讀者的迴響。

本書是KK時隔六年最新力作。有別以往，本書內容是日本科技記者大野和基採訪凱文．凱利，探討接下來的五千個日子，科技會讓世界變成什麼樣子。訪談一開始是在KK的美國家中進行，後來因疫情轉為線上訪談，最後整理成這本《5000天後的世界》。

由於是透過記者採訪的形式進行，訪談內容不僅只是ＫＫ對科技未來的觀察與預測，更進一步探索他是如何觀察與思考科技發展趨勢，因而造就出這本非常有意思的書。

本書前半部讓讀者一窺ＫＫ看到的未來趨勢，搶先掌握接下來五千個日子的科技發展。後半部則讓讀者領略預言神準的ＫＫ是怎麼思考、如何看到這些趨勢，近身學習大師觀察科技發展的方法。因此，即便你是個閱遍ＫＫ所有著作的忠實粉絲，本書仍然有許多值得閱讀的地方。

為何要以五千日這麼大的時間跨距觀察與預測科技發展呢？全球資訊網在一九九三年對外開放使用，各式各樣內容豐富的網站與網路服務因應而生，造就了我們今日不可或缺的網際網路。在網際網路誕生的五千個日子後，隨之而來的是社群媒體興起，臉書與推特經過五千個日子的發展，終於成為人們生活中的重心。若照這樣的趨勢脈動來看，社群媒體誕生至今已經五千個日子了，那麼接下來的五千個日子裡，科技會怎麼發展？會往哪裡走？引領下一個潮流的又會是什麼樣的科技？

接下來的五千個日子，我們會迎來一個什麼樣的時代？ＫＫ斷言：未來五十年將是「人工智慧時代」，藉由在各種事物裝上知性與情感，人工智慧將引領新一代工業革命，形成足以與自動化、工業革命匹敵的巨大潮流。

在KK的眼中，人工智慧在未來具有決定性的影響，因為人工智慧是具備高度擴展性的技術，它可以延伸至各式各樣的領域，創造出二次性、三次性的科技。目前人工智慧技術已經運用在無人駕駛載具、開發新藥、語言翻譯、影像辨識等等應用，而這只是人工智慧時代的開端，可預期未來人工智慧技術將會擴展至更多的領域，創造更多的工作形式，甚至改變未來世界的樣貌。

當未來所有一切開始與人工智慧連結，KK預言下一個世代的嶄新平台將會是類似AR擴充實境的「鏡像世界」，成為繼網際網路與社群媒體之後的第三個平台。

第一個平台是指網際網路問世後，世界上的資訊開始數位化，電腦認得數位資料，隨之誕生了Google這樣的搜尋引擎公司，讓人們可以搜尋網路資料，滿足自己的興趣或解決問題。而第二個平台是指社群媒體將人們的行為、關聯與互動數位化，電腦開始認得人際關係，演算法也因而影響人們的行為。

當人工智慧擅長的物件、圖像、語文辨識能力拓展開來，電腦就能夠認得實體世界的事物，這個世界的物理層面將因此邁向數位化。人們戴著智慧眼鏡就能看到超越眼睛所能看到的資訊，工廠作業人員可以從智慧眼鏡看到機器的運轉資訊疊加在實體設備，醫生可以從智慧眼鏡看到病患體內的生理資訊，人們在超市購物可以看到產品包裝陳述以外的輔助資訊，旅人戴著智慧眼鏡就不必低頭看手機找路，甚至有機會讓「歷史」成為動詞，例如透過智慧眼鏡呈現不同時代的街景。

鏡像世界亦如網際網路與社群媒體，是平行於實體世界的另一個空間。對社群媒體成員來說，在社群媒體中互動宛如置身一個新世界，鏡像世界亦是如此。ＫＫ預測隨著人工智慧的進展，即時自動翻譯將得以實現，倘若各種語言之間能夠即時相互翻譯，再加上鏡像世界的普及，那麼人們戴上ＡＲ智慧眼鏡後，就可以跟全世界任何一個地方的人互動。不論你來自何方，講什麼語言，大家都可以一起共事。

一旦鏡像世界發展到上述地步，全球百萬人一起協同作業的可能性將會實現，不僅工作會重新定義，現在我們所面對的食衣住行育樂種種問題，也都會重新定義。

未來，絕對是科技加速度的時代，科技將對飲食、運輸、金融、能源、教育等產業帶來全面的改變。例如在ＫＫ近期高度關注的生物科技領域，合成肉將改變未來食物的供應與人們的飲食；擴充實境與虛擬實境將會重塑未來教育的場景；未來能源發展趨勢將因電動車的普及而改變；當人工智慧與機器人進駐農場，由機器控制、自動為每株農作物施以個別照顧的「精準農業」將得以實現。而無機長的客機與飛天汽車，雖然不會滿天飛，但將會在特定場域起飛；當我們不靠銀行也能夠與銀行做同樣的事，未來金融有了嶄新的面貌。

何以KK能有如此看穿科技未來的本事？本書後半部的精彩之處，就在於讓讀者領略KK的思考法。綜觀來說，KK思考法可歸納為：「當一個傾聽科技的樂觀主義者」。他傾聽科技的方法，是把科技當成生物看待，詢問「科技想要做什麼？」並且留意如何協助科技想做的事。這種傾聽科技的方式，與中醫的望聞問切頗有異曲同工之妙。

當科技被發明出來後，KK要去傾聽的聲音，不是發明家的設計初衷，而是科技怎麼被使用，那才是科技自然發展的方向。當然，科技如同雙面刃，推動文明進步也同時會帶來副作用。身為科技樂觀主義者，解決方法不在抑制科技的發展，而是確保科技好的部分超過百分之五十一，那多出來的百分之一，經年累月下來就會讓科技保持良性的發展。就好比半杯水，認知上是半滿還是半空的道理一樣。有更多更好的科技，就能夠解決問題。

在接下來的五千個日子，KK預測會比過去發生更大的變化。在工業革命時代，科技發展促成各種建設，而建設的需求也助長科技的進步，帶來最大的改變是重新配置物理世界。不過，未來五千個日子，數位時代的科技讓人們有更多選擇的空間，改變最大的不會是物理層面，而是我們的精神層面，我們的人際關係、人生觀，運用時間與看待自己的方法都會為之改變。

下一個五千日就在眼前，要掌握未來世界的發展趨勢，趕快翻開下一頁。

台灣版作者序

致台灣讀者

本書成書以來，四百個日子過去了，但我並不覺得未來又近了些。元宇宙和鏡像世界依舊和一年前一樣遙遠。說實話，我從不認為它們會在五千天內完全實現，但我倒是相信，人類會在接下來五千個日子裡，一步步朝這樣的未來世界邁進。在我看來，這些發明是方向，而非命運。

過去這四百天，世人對未來世界的想望確實愈來愈悲觀。不管到哪兒都能見到愁容滿面、擔憂恐懼的人：展望未來，他們只想像得到一個任誰都不願身居其中的世界。我能理解他們的感受，因為絕大多數的電影、科幻小說都在描述科技發達帶來的反烏托邦世界，殘酷又可怕：不是機器人征服地球、殺光人類，就是融冰引發全球洪災，導致物種滅絕。烏克蘭戰爭，核戰威脅，層出不窮的問題一再將和平推向崩潰邊緣，搞得連年輕人都不敢想像未來。人類的前景確實不怎麼有希望呀。

即便如此，我卻比過去任何一刻都更樂觀。新冠大流行期間，全球各地辛勞的科學家攜手開發能對抗病毒，且相當有效的疫苗——全都在一兩年內完成——拯救數百萬人的生命；幾家新公司證明他們能以便宜的價格把人類送上太空；太陽能發電成本大幅降低，成為能取代石油的可靠能源；電動車取代燃油車的速度愈來愈快……這些全是好消息。

未來將有更多必然出現的新科技陸續到來。就算不會在五千天內出現，但它們**終究**會實現。目前，無人車（自動駕駛車）的可行率已達九成，但仍得花個數十載才能做到百分百可靠的程度；當自動駕駛成真的那一天，我們的世界會因為肇事率降低而變得更好更安全。這也是好消息。人工智慧總有一天會全面滲透你我的生活，其中有些也會帶來超級棘手的新問題。然而此時此刻，想像這些新發明（譬如人工智慧）帶來的問題可能會比想像它們帶來的好處容易許多，這也是大家何以對未來悲觀的原因。設想一個處處是人工智慧，而且你我也願意置身其中的世界，確實需要多一點想像力，但這樣的世界是有可能的！

我之所以前所未有地感到樂觀，理由是每天推出的新發明讓你我更容易看見，我們確實有能力打造一個比今日更好、更綠、生態更平衡的世界。儘管我們仍須面對軍事衝突和社群媒體失控所帶來的挑戰，但我們也解鎖了許多新技能，有希望創造出一個能造福更多人、使你我樂意安居其中的新未來。

凱文・凱利於加州帕西菲卡
二〇二二年十一月

序

五千個日子以後，嶄新巨大平台的樣貌

「預言家」。本書作者凱文．凱利（ＫＫ）偶爾會被這麼稱呼。

ＫＫ過去預測、命中了科技引起的許許多多變化，如科技四巨頭ＧＡＦＡ（Google、Amazon、Facebook、Apple 等四間企業）等科技企業「贏家全拿」的現象，以及免費增值經濟來臨等。

自網際網路商業化後經過五千個日子（約十三年），社群媒體這類新平台開始跌跌撞撞地經營。而現正是社群媒體出現後又經過五千個日子的時候。現在，網際網路與社群媒體作為雙巨頭君臨於世，對於我們的生活帶來莫大的變化。那麼經過下一個五千日，將發生什麼事呢？

稀世思想家KK預測「下個未來的模樣」。那是所有一切與人工智慧連接，在數位資料融合的世界中誕生的擴增實境（AR）的世界——**「鏡像世界」**。

鏡像世界中，位於不同場所的人，在地球規模的虛擬世界中即時共同工作。**百萬人在虛擬世界中合力工作的未來即將來臨**。屆時即時自動翻譯機備受使用，就算不會講其他語言，也能夠與世界上的人對話、一起工作。**繼社群媒體之後，嶄新的巨大平台誕生了**。

嶄新的平台，也將對工作型態和政府的存在方式帶來莫大的影響。假如變成無論身處地球的何處都能夠與任何人一起工作的世界，與公司型態迥異的組織將成立。另外，虛擬產業發展的同時，於現實中會面而產生的價值會逐漸提升。結果，都市會強化各產業，變成「想在這個產業工作的話，就前往這個城鎮」。都市之間搶奪人才的競爭也將變劇烈吧？

KK預測，鏡像世界中的贏家，將是現在依然默默無名的新創企業。**鏡像世界將產生下一批好幾萬名贏家**。新的商業機會來臨了。

仔細一想，從第一代 iPhone 手機問世後，正好經過約五千個日子。在這五千個日子中，我們的生活已經大幅改變了。現在日本每個家庭智慧型手機的持有率超過百分之八十（資料來自於總務省令和二年資訊通訊白皮書），也有許多人無法想像沒有智慧型手機的生活吧？

ＫＫ預測，「在接下來的五千個日子中，將比起過去五千日發生更大的變化」。而其中大多並非物理層面的變化，而是人際關係、打發時間的方法、人生觀等變化。

為什麼ＫＫ能夠看穿未來呢？

一九九三年，ＫＫ在網路黎明期擔任雜誌《連線》創刊號的主編，至今曾訪問比爾．蓋茲、賈伯斯等眾多傳奇企業家（《連線》是報導科技帶來的經濟和社會變化，聞名世界的雜誌，於各國發行）。

約四十年，ＫＫ一路看過矽谷許多企業的盛衰興廢，更以幾百年規模的宏觀視野掌握、定義、觀察科技——其姿態猶如哲學家。不僅限於眼前的現象和最尖端的技術，長期基於歷史層面的思考而引導出的預測，正是ＫＫ的真本事。

ＫＫ的思考方法，可總結成**「傾聽科技，就知道未來」**這個句子。「傾聽科技」——乍看之下是荒唐無稽的句子。這種事情真的能夠做到嗎？細節留到本書後半部待述，不過只要看透科技具有的「性質」，了解科技想要什麼的話，自然就能釐清科技帶來的變化，以及未來的樣貌。

本書大致上分成兩個部分。第一章到第四章旨在闡述鏡像世界，描述人工智慧的進化等因為新科技而來臨的未來藍圖。第五章到第六章，則闡明了這種未來預測的根基，即ＫＫ的思考方法。

本書所有章節，是從二〇一九年至二〇二一年，由取材的人大野和基與編輯大岩央基於ＫＫ的長期訪談的資料而撰寫的內容。原本訪問是在洛杉磯綠意盎然的ＫＫ自宅中進行，不過在疫情後，則改為線上的視訊會議系統訪談。日文翻譯與解說是由前朝日新聞記者，過去曾擔任ＫＫ多本著作日文翻譯的服部桂經手負責。

接下來，讓我們開始通往未來的旅程吧。

大野和基＋ＰＨＰ編輯部

目次

Contents

第二章　進化的數位經濟現況

第三章　科技讓所有產業改頭換面

第四章　亞洲的時代與科技地政學

第五章 傾聽科技就能夠了解未來

第六章 革新與成功的矛盾

第一章

百萬人合力工作的未來

鏡像世界引起的巨大變化

傾聽科技，就知道未來

我在一九九〇年代撰寫的書籍中，預測了當時令人難以置信的（大型科技公司）贏家全拿的法則、免費增值經濟和收穫遞增法則等動向。我預估，二十年後的富豪排行中，將有許多因為這些法則而賺大錢的科技業者入榜。十幾年過去，當時的預測已經成為現實了。

因此，曾經有人問我：「該如何思考，才能夠這麼分析呢？」我平時留意的，就是傾聽科技，把科技當成生物般看待，詢問**「科技想要什麼？」**並且留意如何協助科技想做的事。

我完全站在科技的視角觀看世界。讓世界變化、進步的主要力量便是科技，那就像是必然的發展，就像只要發明了電力，接著必定會發明電波。在這個宇宙中，無論是哪個星球上的文明，只要發明了電力，接著就是電波。而接下來就是 Wi-Fi 的誕生了。譬如說我以前曾在著作《必然》中提過，自動化是無可避免的趨勢。

當然，決定其特性的選項——譬如說，由誰規範、持有，持有物是否公開，商用與否，或者僅限於國內或跨國——藉由選擇其中何種做法，名為自動化的科技將成為完全不同的東西。可是我們並沒有餘裕選擇是否採用自動化。同樣地，關於人工智慧（ＡＩ）也沒有選擇的自由。懷孕時似乎能操控基因，當然甚至能夠改變人類本身的面貌，關於這點將在之後詳述。不過我們有餘裕選擇該如何執行，而選擇的結果將產生大幅的變化。

這種情況與人類成長類似。譬如，身為人類誕生、成長的話，我們無法選擇是否成為青少年。就算得以選擇成為何種青少年，終究也只能成為青少年。

同樣地，也能這麼形容文明。倘若我們移居到其他星球，該處的地形和重力與地球類似的話，文明就會與現代社會是非常類似的模式。

來自各國，一百萬人於虛擬中一起工作的世界

未來五十年內，人工智慧將成為與自動化和工業革命匹敵、更大的潮流吧？人工智慧等科技發展，可說以後工作的型態將大幅改變。我所看見的未來，是來自各種不同的地方，**一百萬人同時在一個專案中工作的可能**。那是什麼樣的工作，為此需要的科技是什麼，我接著來說明。

為了讓百萬人同時工作，需要現在尚未問世的新型工具。舉例而言，像是**裝設擴增實境（AR）功能的智慧眼鏡**。擴增實境是雙方一起工作時，讓人容易實際作交流的科技。戴上這種眼鏡後，與遠方的人可以遠端呈現狀態（Telepresence，指與相隔兩地的人當場面對面的狀態），一邊共享設計和尺寸，一邊攜手進行車用物品規模的工作（順道一提，雖然尚未普及，不過微軟於二〇一六年推出擁有擴增實境功能的智慧眼鏡「HoloLens」。已有人在倉庫或工廠配戴 HoloLens 工作，或者接受訓練）。

除此以外需要的工具，就是為了讓參與者互相合作，採納某個人提出的主意，使其進化，逐漸改良的東西。舉例來說，把這種工作或專案當做生意集資、收款的情況，必須有種

方法讓原本的提案者也可以抽成。我認為，支付一些報酬的需要也會出現，但在這種場合，現在因比特幣等加密資產而蔚為話題的區塊鏈這類技術就能派上用場。

另外，也一定得談到**即時自動翻譯**的大規模進步。尤其其他語言轉換成英語幾乎為免費的翻譯的話，以往未曾有的大規模團體工作就變得容易進行。雖然世界各地有許多人才，但那些人不見得會說英語。因此倘若有翻譯功能，過去被排除在外的人就變得能夠以有意義的形式參與專案或工作。

在程式設計的世界中，能思考到用開放原始碼（指免費公開軟體程式，任何人都能使用）製造的自動駕駛電動車的例子。將有人設計出為了（協力製造車子而必要的）存取這種程式的便宜智慧眼鏡，在市場上推出，一起致力於普及。這些事情全都能夠在遠端團體工作下進行。

幾年前，電子布告欄 Reddit 曾在非常短期內，召集了百萬人做藝術團體工作的實驗。將百萬張照片以像素的形式並排，每個人能夠控制自己的像素，讓整幅畫產生變化。有人雇用其他人畫畫，有人和其他人一起在畫作上繪圖，有點像是像素戰爭遊戲的狀態。

這個例子不過是在玩耍，不過開始新事物時，必須從開心的事情開始下手才行呢。由這種人打造的，如虛擬實境遊戲般的世界，某種遊戲專用平台，以後也可能作為一種可能性存在吧？

什麼是鏡像世界？

近幾年我所提倡，**「鏡像世界」**即接近的ＡＲ**世界（擴增實境的世界）**，也是深入團體工作所需的場所。

鏡像世界是耶魯大學大衛．格萊特教授率先推廣的術語。在鏡像世界中，如導演史蒂芬．史匹柏拍攝的電影《一級玩家》中出現，虛擬的世界覆蓋在現實世界上。

這是好幾百萬人參與，世界規模的某種類型的層（layer）。雖然人類在現實世界中各自住在不同的地方，卻同時與住在其他場所的人**一起經營地球規模的虛擬世界**。

鏡像世界的最基本的說明，是「重疊於現實世界上，透過那個場所的資訊層觀看世界的方法」。虛擬實境（ＶＲ）是外界看不見目鏡中的虛擬世界，而擴增實境是透過智慧眼鏡看著現實世界。接著**虛擬的影像或文字會與現實的風景重疊**出現。

譬如，戴上智慧眼鏡，造訪坐落某個古老房子的場所。透過眼鏡觀看那間老房子，便能夠看見重疊的虛擬影像，顯現那裡過去是何種模樣的形象影像。

擴增實境也能用在現實世界的導覽上。譬如，一邊戴著智慧眼鏡一邊走路，在某個場所，顯現眼前該走哪一條路的藍色箭頭。或者出現某個角色在眼前領路參觀街道。或者出現友人事前留下的訊息，或出現廣告等說明。他們以前來到此處時，留下給你的留言，留言就一直放在該處。

另外，我們也能夠想像，與人見面時，可以在人的胸前看見虛擬名牌般的欄位，告訴你名字。

我還能夠想到下述這種例子。當你打算修理構造複雜的機械時，會出現導覽的箭頭，指引應該螺絲起子碰哪個部分。或者，宛如有人跟在後面一樣，與你用同樣的視角認知機械，也會出現聲音指引你應該如何修理。這些例子都是重疊影像運用的情況呢。

在鏡像世界中，歷史成為動詞

在鏡像世界中，歷史會「變成動詞」。譬如，以下說明或許是種付費服務，不過**只要伸出手，快速揮舞滑動空間，就可倒轉時間，叫出那個場所以前有的景象**。當你走在東京的街上時，便能夠選擇一百年、兩百年前東京街角的模樣，重疊觀看。只要向裝設在智慧眼鏡上的人工智慧詢問「這裡一百年前是什麼樣子呢」即可。而再稍微往前走，想看兩百年前的模樣而調整維度後，就會變成那個時代的風景。也能夠看見那個建築物從過去一路如何變化至今的模樣。

將這種技術運用在觀光網站上，也能展現價值。譬如前往羅馬，詢問某個建築物在變成廢墟前是什麼模樣的話，以前的模樣就會重疊在建築物周圍顯示，能夠從過去的羅馬樣貌親身感受歷史。這種資訊，只要由一般人做成軟體，賣給對歷史感興趣的旅客就好。相對的，這個場所一百年以後的風景，由藝術家繪製科幻般的影像或許也挺好的。就像這樣，鏡像世界在某種意義上，可說是在三次元空間加入時間要素的4D世界吧。

也有一種構想是，在世界上任何一處，就存在與實體同樣尺寸的虛擬**「數位分身**

（digital twin）」，僅戴上智慧眼鏡的時候才會投影在實物上。在這種場合配戴的智慧眼鏡，某種意義而言是取代智慧型手機功用的新型態裝置，端末也不會一直放在口袋中，而是戴在身上，用於顯示畫面的穿戴型裝置。

想顯示畫面或打電話時，虛擬的影像便會投影在客廳。另外，也能映照出虛擬的友人和公司同事，與他們「會面」。你只要坐在自己房間的椅子上就好了。接著各種不同的資訊，會重疊在應當的場所。在不久後的將來，現實世界中的道路、房間、建築物等**所有東西的數位分身都會在鏡像世界裡出現**吧。

屆時，就能夠運用在如我方才說明的遊戲、導覽、上課和訓練等各種不同的場合。順道一提，深受世界上好幾億人喜愛的遊戲「寶可夢ＧＯ」，是拿著智慧型手機對準現實中的場所，虛擬角色就會出現在畫面上，因此顯示了鏡像世界到來的徵兆。遊戲時常是培養科技的場所。

另外，由於新冠肺炎疫情，因此約二十年前出現的視訊會議系統（如Zoom等）變得實用化了。視訊會議系統本身是約二十年前就有的科技，而且並沒有多大的變化，不過變得非常便宜，容易使用，因此任何人都能用得上手。

這是比預期中還更有用處的工具，這個發現讓許多人感到很吃驚。多虧了視訊會議系統變得普及，朝著眼前平面的螢幕上映出的人說話、說明的行為變得普及。我認為這就是實現鏡像世界的先驅。

在社群媒體後，「嶄新巨大平台」來臨

所謂鏡像世界，意指可以透過機械認知（讀取）的世界。第一個平台——網際網路，將世界上的資訊數位化，讓人得以搜尋，尋找答案。那正是我們現在也在用的網路。

次世代的大型平台，則是掌握人類的行動和關聯性，將人類彼此的關係數位化的平台。我們稱之為「社群」，機械變得能夠認知人際關係，人工智慧和演算法變得適用於人際關係和行動。第二個大型平台（社群媒體）出現了。

緊接著，**第三個大型平台，是在物理層面上將全世界數位化的平台（鏡像世界）**。搜尋現實世界或關聯性，運用這些資訊創造新事物，人工智慧和演算法也適用。其優秀的地方，在於不僅能夠看見，也能將辨識對象數位化，因此機械可以讀取這些資訊。

圖 1　鏡像世界是第三個巨大平台

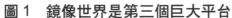

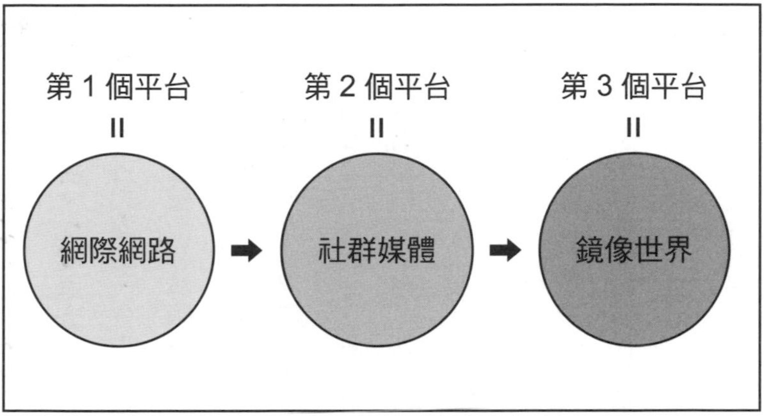

鏡像世界經常被稱為「空間網」，那是因為擁有三次元的廣度。由於在現實世界中變得可運用空間的世界，我們所製作的各式各樣的人工物必須成為其中一部分的架構。

那就是「映射（mapping）」，譬如製作某個房間或房屋的（位置關係的）地圖，在鏡像世界中標示位置。「由於這間房屋通往外面，因此和隔壁房屋沒有相連……」顯示諸如此類關聯性的資訊，是具有語意（semantic）的關聯，那是種具有實體的呈現。

我們從很久以前，就一直針對物聯網談論過類似的嘗試。物聯網是將鑲有微小晶片的標籤，貼在所有瓶子、椅子或書上，以無線網路連結這些物品，也提供電力的機制。不過，以物理的形式連結並不容易，長期以來，能夠定義為有意義關係的網路「語意網（semantic web）」，被認為不可能實現。比起過去的嘗試，由人工智慧認知影像等現實空間中的物體，將所有東西以擁有語意的方式連結，會更加順利運作。

譬如，假設你戴上智慧眼鏡，身處語意網的世界。此時看向桌子，有個裝水的杯子。透過觀看的行為，人工智慧主動檢測到杯子，重新映射在這個世界。而結果，知道具體配置的人工智慧收到報告，人工智慧將杯子個別分離，以判斷該處有個杯子。

我注意到桌上有個杯子，理解杯子從上週就一直放在那裡、移動杯子的話會發生何事，或拿起杯子後引起相互作用。人工智慧也會告知那個杯子的種類，以及是誰做的。

因此某個意義上，這個杯子處在連結的狀態。那並非透過晶片、電流，而是有意義的連結，其對象和其他一切物體之間的關係而決定了位置，其意義（定位）是透過人工智慧進行的。

基本上，人工智慧會看著我的房間，認知每一個物體，甚至認知了品牌或產品編號，該物品是何時來到家裡的？如何販賣的？我們會實際上了解那到底是什麼東西。現實上，那並非以透過附設電池晶片的電器產品彼此連結的形式，而是有意義的連結。

所有一切連接人工智慧

也就是說，語意網指把世界結構化後，產生有意義的連結一事。當我走過房間，「我正在執行走路的動作」，網路上便發生了這種形式的理解。

擴增實境便像這樣鋪設了通往語意世界的道路，不過為了得以實現，便宜且優秀的人工智慧必須存在於各處才行。

只要成為連資訊的意義都能夠處理的語意網的世界，人工智慧就會告訴你映入眼簾的物體的材料或人名。這麼一來，對於我們的生活又有何種益處呢？

譬如，關於自己購買的物品，變得能夠知道產品等資訊。倘若在意飲用水從何而來，只要看寶特瓶就能夠知道源頭，也曉得相關資訊，便能夠自己下判斷（雖然不在意的人就不需要知道，不過我總是很在意產地和原料）。

前往超市，光看架上排列的蔬菜，就知道「有機栽培，產地墨西哥」。或者，人工智慧也會告知商品是否為你的喜好，是否為無麩質，或關於過敏原的資訊。除此之外，使用某種蔬菜的趣味料理食譜、到底誰會吃這種東西、卡路里多少……種種資訊也都會顯示。

就像這樣，資訊分成兩種階段。首先是商品本身的說明，另一種是吸引你注意力的資訊。你不需要說明、分類商品。**只要找到感興趣的東西，那個東西就會認知到你。你只要尋找就好了。**感覺就像是宛如有人坐在你的背後，低語回答問題。

另外也有一種形式是，由人工智慧推薦你東西。像是走過書店的書架時，出現閃爍燈提示「這本書不錯喔」。

鏡像世界產生新的力量與財富

贏家並非科技四巨頭之一

接下來，嘗試以商業的觀點思考鏡像世界吧。首先，誰會是經營鏡像世界的重心呢？現在不是由政府經營網際網路，而是管理DNS（網域名稱系統）的非營利組織。不過讓其系統運作的伺服器，主要是公司的財產。美國雖然有經營網際網路的組織，被視為美國的資本，不過並非由美國政府經營。負責經營的是美國的公民與組織。

基於這種現況思考的話，未來營運鏡像世界的，至少在西方國家是非政府的組織吧。商用化是非必要的，由非營利組織或其他組織團體支撐底層的部分。

另外，就像Google的Chrome或Apple的Safari，大企業也可能提供相當於瀏覽器的產品。高階水準的產品中，企業會來參一腳。

驅使鏡像世界的商業模式將會成為何種形式呢？首先，可認為正如現在的網際網路或社群媒體，採取廣告收益模式。不過，吸引人們注意力是唯一的收益來源，並非令人期望的發展。

在鏡像世界，以高解析度追蹤、操控人的注意力是有可能的。意即，用戶會輕而易舉遭受剝削。長期來說，可以認為鏡像世界就如水費或寬頻網路一樣，採取每個月**訂閱的模式**。

就算這樣，我認為在這種**擴增實境世界中的贏家，並不是科技四巨頭等企業**。當我們回顧破壞性科技的歷史，在某個領域的統治者，並不會作為下一代的平台直接留下。在某個時期，大量競爭企業為了與製作電腦的ＩＢＭ對抗，推出了產品。不過沒有一間企業成功，曾有一個玩笑話是，反抗ＩＢＭ不會變成有錢人。

不過，最後連那間ＩＢＭ也讓出寶座了。不是電腦硬體，而是由電腦軟體的企業奪走了地位。最後由製造 Windows 的微軟拿下勝利。

許多人推出自行研發的作業系統與微軟對抗、競爭，最後失敗了。用作業系統與微軟對抗果然不可行。而壓制微軟的又是誰呢？是提供搜尋服務的企業 Google。他們沒有研發作業

圖 2　過去的贏家與下一個贏家 ── 破壞性科技的歷史

	第 I 期	第 II 期	第 III 期	第 IV 期	第 V 期（未來）
贏家	IBM	微軟	Google	Facebook	還默默無名的擴增實境企業
財富泉源	硬體	軟體（作業系統）	搜尋功能	社群媒體	AR技術（擴增實境）

系統，而是建立了搜尋服務的企業。

接著，又出現許多人在搜尋的領域中拼命想要壓制 Google，但沒有人成功。壓制 Google 的人是誰呢？是社群媒體企業的 Facebook。接著，又有好幾千間公司研發社群媒體與 Facebook 對抗，他們也沒有獲勝。**下一個贏家將是擴增實境的企業**吧。

因此，IBM、微軟、Google、Facebook 等大企業全都想要在擴增實境的世界中握有主導的地位。參考歷史的話，他們都不會成為贏家。他們被自己的成功囚禁住了。我認為屆時成功的一定是現在依然默默無名，並非提供社群媒體服務的小企業。

我以前的著作《新經濟的法則》中，曾提到「贏家全拿」和「收穫遞增」的法則。就算在新人工智慧產生的鏡像世界這種資本主義的世界中，收穫遞增的法則也不會消失吧。

那是一種（只要使用者愈多，對於使用者彼此或外人而言都有益）**「網路效應」**，原本在任何網際網路都符合這種說法。很難想像有哪一種法則會跳脫這種趨勢。

我們面對資本主義能夠做到的，只有利用這種趨勢，或者被圈養習慣，無法予以排除。在鏡像世界中，我認為將有許多小間的研發公司獲得成功。假如將來，在擴增實境的鏡像世界中出現獲得莫大成功的企業，就會**出現支撐這種環境的幾萬個小贏家**。「贏家全拿」的法則打造環境，新的標準誕生，將有好幾千萬個遵守這種標準的事業體成立吧？

這種情況和語言的形成很類似。某種語言被社會所認知，拼音固定後，涵義和用法就固定下來了。於是形成了英語這種語言，拜此所賜，非常多樣性的書籍或書寫物就被創造而出。意即，只要出現多個某種形式的大贏家，因為他們的緣故，就可能出現幾萬個小贏家。**新的機會來了**。

鏡像世界早已悄悄動起來了。而現在只要花費約兩千美元（約六萬元台幣）買一副智慧眼鏡的話，也能夠看見其展示影像。

未來十年內，也會推出在工作現場能夠用的智慧眼鏡吧。這種工具主要運用在辦公室工作以外的場所，譬如在現場的機械修理，工廠的訓練或勞動，開發製品的工業設計上，會用到如鏡像世界般的功能。大企業或許會將其取代桌上型電腦而用，學校也或許會引進。

而在日後約二十五年內，我認為將推出更實用的智慧眼鏡，一般民眾也會開始用。在這之前，主要的用途不是在家庭內，而是公司或遊戲上吧？

擴增實境成為「另一種選擇」

我們接著來看硬幣的另一面吧。關於鏡像世界的科技，我曾聽過一些看法，像是「我們的社會成為監視社會，廣義而言人類不也化作機器了嗎？」、「這種科技真能夠讓人類更幸福嗎？」

談到幸福，這個話題非常複雜呢。現在也有關於幸福的研究，幸福的定義方法，和判斷人類是否幸福的基準等，一直備受討論。最近的研究也讓我們愈來愈清楚，幸福的種類非常多種。

關於這些研究，我聽聞許多意見後，便了解進步與幸福有關。以往的想法是財富愈多、愈富饒的人愈幸福，不過**最近反而否定這種說法，認為人即使富裕，也不會變得更幸福。**

「擴增實境和鏡像世界能讓人類更幸福嗎？」回到這個問題吧。老實說，我不知道。不過我認為，人類只要保持健康，自由運用自己時間的話，就能感覺更幸福吧。不被他人支配，自己自由決定自身行動的話，就能夠獲得滿足。而這正是科技帶給我們**選擇的多樣性**。

以前，一個人成為理髮師的話，就一直是理髮師，開肉攤也會一輩子賣肉品。不過現在，如果是開計程車之類的司機，也能夠轉職到 Uber 吧？雖然以前的選項不會變，不過現在已經有了能度過自己時間的新工作和選項。這些選項增加，表示更容易選擇自己最感興趣的工作和擅長的職責，拜此所賜，能夠變得更幸福了。由於選擇變多了，更多人能夠發現最適合自己的職業。

無論多麼嶄新的科技，解決問題的同時，也會帶來問題。重要的是如何減少問題。我想提議的是，透過妥善追蹤資料，首先讓科技隨時都可以檢測、評估。

美國食品藥物管理局（ＦＤＡ）在新藥發明時，經過測試是否安全或有效用以後便通過批准，但以後就不會有任何測試了。不過人類在這種藥推出市場後，便開始用在與原本不同的其他目的上。藥物是為了某種目的而被研發而出，也是用在原本目的上才最有成效，不過對於這種新用法並不會進行測試。美國食品藥物管理局認為，曾經通過測試的藥物，永遠都會發揮效用。

同樣的情況，也會發生在科技身上。推出新車，之後就不再測試或評估其優點。由於二十年前已經認定安全了，因此事到如今就不需要測試了。不過我認為，**每年必須重新評估科技**，必須針對所有的科技評估好的一面和壞的一面，以保證信賴度。

新的科技時常有缺陷或者發生異常，因此一般認為應該對這種情況訂定罰則，不過難以決定與何種基準比較。光與舊式科技比較的話也會有問題。不過即使關於舊式科技，也必須仔細測量、評估、維持紀錄才行。

我認為，基於資料做管理就沒問題吧。人類以新科技不會順利運作為前提做管理，光憑想像就決定該如何使用。是我的話，就會將這種科技過去的表現如何，基於具體的資料進行評估。不是基於想像的未來做評估，應該要基於佐證做評估。

意即，即使關於鏡像世界的科技，也必須監視、保持關心不需要恐懼的事物，這件事情非得妥善實行不可。人類屈服恐懼，就無法理性行動，做出愚蠢的行動。因此要巧妙地、小心翼翼、帶有意識地監視。

完全嶄新的工作方式出現

現在尚不存在的新組織的型態

我想有些讀者會認為，由於擴增實境和虛擬實境帶來的團體工作發展，被稱為公司的組織本身逐漸失去意義吧？也有人預測，自由工作者增加，接下一些委託工作而讓經濟動起來，意即零工經濟即將起飛呢。

一般而言，科技是一點一滴累積起來的。老舊的事物不至於因此消失無蹤。如現在Facebook 或 Google 等超巨大企業的時代中，依然留有夫妻聯手經營的小餐館，這些事物別說消失了，甚至變得比以前還多。因此股東所支持的跨國企業也不會因此而消失。或許，加上這種組織，會成立更多組織才對。

日後恐怕會有愈來愈多的自由工作者吧？現在由於全球人口依然持續增加，因此這種動向還會再持續個五十年。

我想關注的是，以往不存在種類的組織是否會成立，假如成立的話，又會變成何種形式。譬如，GitHub（由全球用戶保存、共享程式原始碼或程式設計資料的商業網站）這類許多人步調緩慢的團體工作、由某個人獨自經營，或者上司直接命令工作等，我認為不會成為這些形式。關於新種類工作的形式，我現在還沒想到名字，不過我認為往後將有更多組織工作，賺取金錢。

總有一天，這種型態的工作會變成常態，確保一定的地位。不過我認為，並非是公司行號被迫倒閉後被取代，而是逐漸產生的「另一種選擇」。

就好像非營利企業般成長茁壯，**成為吻合自己的志向、與公司不同型態的選項**。接著成為與各種組織不一樣的、非常寬鬆的網路組織，是營利或非營利，關係非常對等的組織。

以現在比喻，我認為和 Kickstarter 召集人是一樣的。譬如，當你想製作某件產品時，能考慮到幾個途徑。其中一種方法是成立公司，募集資金，發表產品。另一種方法是在 Kickstarter 籌措一定的資金。兩者的不同之處，在於贊助的人是投資家或者消費者。

意即，Kickstarter 並非取代了商務公司，而是另一種選項。而現在蔚為話題的組織打算完成某件事時，會用形形色色、補充性質的方法，以填補不足之處。

現在備受矚目的科技是電腦與通訊開始連結的三十五年前開始的，為了推廣團體工作，主要是溝通的科技產品。各式各樣的東西都與團體工作有關，因此並非一直推陳出新。

因此，人必須實際待在現場，而這也有限度。實際上只能在公司執行，合力工作。每個參與者手中沒有多少資訊，資訊幾乎來自於上司告知。在建設現場都是用這種作法呢。

不過只要運用新科技的話，團隊中任何人都可以共享同樣資訊，能夠團體工作。資訊變得對等，不用依賴上司也能變好。**所有人都戴著智慧眼鏡，可以直接獲得同樣資訊**。每個人在各自負責的領域中執行團體工作，而這種情況不問勞動型態。全職、兼職、遠端工作都沒問題。意即，藉由逐漸出現能夠即時工作的更嶄新的方法，工作的規格也能夠升級。

另外，在現實中集合工作的場合，待在同一個房間，約幾十個人就是極限了吧？不過用虛擬實境的話，一千人也是可行的。千人的團體工作是何種情況呢？以前艾力・韋塔克曾以音樂總監的身分擔任合唱團的指揮，舉辦了一場虛擬演奏會。用遠端會議的方式，邀請世界各國兩千名歌手同時合唱歌曲，那是非常美妙的歌聲。

他們成功執行在日常的真實生活中幾乎為不可能的團體工作了。這不過是團體工作的工具性能的其中一個例子。區塊鏈、維基百科和 GitHub 也是這種工具，諸如此類的工作將愈來愈多吧？

像這樣**遠端團體工作的人將逐漸變多**呢。集合許多人，能夠進行培訓般的場所也會愈來愈多吧？

順道一提，雖然我大力闡述虛擬中遠端環境，不過現實中與人面對面也非常有效用，具有價值。譬如說，有個名為 Maker Faire 的實體活動呢。育成中心和為了加快開發的人聚集於此。這種安排帶來非常大的效益。這種場面絕對不可以消失吧？

唯一可說的，就是選項將會愈來愈多。以前只有一種方法，方法變多了，以前的方法也留下來，新的方法可活用。接著混合兩種做法，**戴上智慧眼鏡，譬如說從柬埔寨或越南參加也沒問題**。以前未曾出現，可透過虛擬的遠端環境執行的工作變多。即使如此也會在現實生活中到現場碰面。駭客和育成中心聚集的場所將一直延續下去，也會祭出成果，貢獻社會。

區塊鏈的可能性

維基百科和 GitHub 的問題，是那裡沒有金錢流動。一旦開始有了金錢交易，事情就會變得非常麻煩。首先得建立擔保信用的前提，而這麼做非常花費成本。

在本章開頭，曾介紹擴增實境讓團體工作變得可行，此時需要的工具之一就是區塊鏈。加密貨幣和區塊鏈等新科技，在這類團體工作的場合中，有可能成為**方便付款的工具**。並非開放資源的形式，而是出現已改良的商用水準的工具，將來回饋給開發者的形式吧？

說到這些情況，若出現人類在工作或提供主意時，是在非常公開的網際網路上的場合，為了不讓這些事宜引起詐欺或惡作劇，要建立能夠追蹤的方法呢。當某個人協助工作的場合，無論他被埋沒在系統內，或者表現出色，只要運用區塊鏈就能夠確認是誰做的。由於各自的工作都有負責人存在，因此不可以自作主張分開工作與那些人。

公司組織中也會使用這種方法。現狀，公司的財務是一起處理的方式。採每個月、每週或者每天結算一次的方式。不過，實際收到的資料都是即時出現的，因此只要用區塊鏈，各個資料的交易就能夠在當下的時間點處理。這麼一來，就能夠形成即時應對型的財務會計呢。

另外關於身分，並非與其他人共享自己所有資料，也能幫助維持個人身分。運用區塊鏈，就算不用表示所有的資料，也能夠**保證自己就是本人**。

一併運用指紋、虹膜、聲紋等特定自己的生物認證，就只能向給予觀看這些資料權限的人展示資料。也就是說，區塊鏈也能夠運用在網際網路相關的資訊安全上。

工作與玩耍融合的時代

邁向比起高齡人士，年輕人失業的時代

日本進入人生一百年的時代，據說以後人類得工作到七十歲才能退休呢。或許也有人擔憂，這種高齡者是否難以熟悉擴增實境或虛擬實境等最新科技。

不過，我是七十歲的老人，反對跟不上最新科技的看法。或許會有點辛苦，但絕非做不到。雖然一般人認為現在的老人不會接觸新事物，不過這種看法也將轉變吧？

我的孩子才二十多歲，不過將來他們即使七十多歲了，也能夠接受新的科技吧。他們就是在這種環境下長大的。他們這麼期望，是那一代的文化。況且，假設七十多歲的人無法學會新科技也挺怪的。雖然執著於自己所知的事物、太過保守也是個問題，但實際上也擁有不

可忽視的優點。

某方面而言，不需要太過擔憂七十多歲的人求職。應該說更大的問題，是二十多歲的年輕人在充斥這種七十歲和一百歲人類的環境下求職。我們要為年輕族群保留他們的崗位。

意即，七十多歲的人們能夠熟練運用科技的話，二十多歲的人會招架不住呢。七十多歲的老人無所不能，累積漫長的經驗，亦擅長新科技的話，二十多歲的人就會失去工作吧。

因此，假如變成這種情況，我更擔憂**二十多歲的人會輸給七十多歲、經驗豐富的老人**。七十多歲能夠運用新科技，我也快七十歲了，依然活力充沛。

重新定義工作吧

雖然在日本和許多國家，高齡化儼然成為問題，但美國亦然，假如不接納移民，年輕族群就會不見了。實際上年輕人人口減少、高齡化的問題確實已經發生了。因此如果不接納移民的話，便重新教育七十多歲的人口，讓他們代替年輕人的位置，也是一種可行的做法。

這麼一來，關於工作本身、人們領取多少薪水、對於工作心懷何種期待等，連這類定義也會逐漸變化。工作應為何種型態？辛苦且會受傷的工作沒關係嗎？以及如何彌補這些空缺？關於這些事情，已有各式各樣的想法了。因此，我們應當認為這是將名為工作的事物重新定義的大好機會。

假如有人問我現在是否有工作，我覺得可以回答有，也可以回答沒有，大概是我身處於特殊的立場也說不定。不過我認為許多人自發性想做的事情，譬如說幫助別人或者教導小朋友等行為，不視為實際的工作也無所謂。他們十分享受其中，不覺得自己在工作吧？

對此，我的想法是**從長期的觀點來看，我們將逐漸無法區分工作與玩耍**。這兩種行為完全合而為一，而科技和富裕變得難以辨別，愈來愈難區分那是否為工作。這種情況才是目標，我們應該朝著那裡前進。

不過為了達成目標，必須經過各種不同的階段才行。現在高齡者在做的工作，是進公司後打卡，分明不想待著，卻一直待在公司好幾小時，只要能夠忍受這種情況便能夠拿到薪水，然而這種方式並不正確，我認為非得做出改變不可。

第二章

進化的數位經濟現況

名為人工智慧化的新工業革命帶來的現象

未來五十年，將一直是「人工智慧時代」

假如想確切形容現在的時代，若用「○○的時代」表示的話，應該放入何種詞彙才合適呢？

首先，我們正處於人類以外的知性**「人工智慧時代」起頭的階段**。如我方才所述，人工智慧在未來五十年，將成長為足以與自動化和工業革命匹敵、更巨大的潮流。藉由在各式各樣的事物中裝設知性和情感，引起新的工業革命般的變化。

接著，猶如人類的知性改變這個星球般，這類其他的知性又將改變世界。這種情況將連繫至日後的未來。本章，我將思考人工智慧帶來的巨大變化。

另外，也可說以後就是**「沉浸式運算的時代」**呢。我們身處的環境一切將電腦化，所謂「普適運算（Ubiquitous computing）」的時代正要開始。

電腦不僅可帶著走或放置桌上，將無所不在，我們將被電腦包圍，沉浸在電腦反應的世界中，形成猶如與電腦共存的環境。關於這種情況，我在前一章也已稍微提過了。

另外，以日後百年的範圍思考的話，**「新生物學的時代」**將來臨吧？人工智慧等工具成為改造我們身體和生物學現象而用，將逐漸邁向這種時代吧。關於這一點，我將於第三章說明細節。二十一世紀結束時，我們將察覺到這是新生物學的世紀吧。

人工智慧在日後愈來愈進化

老實說，現在並沒有人能夠好好說明人類的智慧和人工智慧到底是什麼。人類大腦的認知能力，具有各種不同的功能；而現在AlphaGo（Google開發的人工智慧圍棋軟體）或機器學習等軟體，不過是人工打造出來的其中之一類型的認知能力。

現在的人工智慧只不過是認知模式後，執行各種不同演算的軟體罷了。AlphaGo做的事情，和西洋棋的人工智慧、人臉辨識所用的是同樣手法。為了認知這種模式的訓練，必須讓人工智慧學習幾百萬個案例，而這種知識的轉移，現在正在進行當中。

也就是說，這種做法只不過是合成、製作我們腦中運作的一部分結構罷了。那是人類智能中的一小部分。不過如我方才所述，現在我們依然無法正確了解這是什麼東西，也無人知曉動物智能的機制。因此，五十年後回顧歷史時，就會回憶「當時還不成材」。

原本就沒有這方面的專家，就算有人擁有這方面的知識，了解的也不多。這就好像在一九五〇年代談到火箭一樣。一九五〇年代是開發火箭的初期，沒有人了解火箭是什麼。現在的狀況與當時類似，今後經過三十年到五十年，甚至不知道會變成什麼樣子。

已經有大學畢業的人工智慧專家拿到年薪二十萬美元（約台幣六百萬元）的高薪，不過**他們對五十年後也茫然無知吧？**現在的難度非常低，成為專家輕而易舉。好比只不過稍微了解神經網路，就能夠成為世界級權威的狀態。只不過新創一間公司，轉眼間就能成為世界級權威了。只不過做出某種人工智慧系統，執行與其關聯的某件事，就能夠達成世界上無人曾及的境界。

沒有人無法適應人工智慧的世界

我以前曾在著作中提過：「人工智慧不會加深不公平的階級差異，到了二〇五〇年，最賺錢的工作是自動化，以及尚未發明而出的機器有關的工作」。人工智慧在日後至少五十年，或者更長的期間，會進步並讓我們混亂吧？「人工智慧會奪走還是創造工作呢」關於這件事的議論和談話在這段期間也會一直延續吧？

不過**經過五十年的話，一般人會能夠理解新科技不會奪走工作，而是增加工作機會**。雖然某些工作會消失，不過整體而言會出現更多工作。話雖如此，那個時間已經有更多新種類的人工智慧出現，人類又會和現在一樣擔心吧。

另外，我曾在演講中提到，「科學和創新的本質是非效率的，因此追求效率和生產力就交給機器人執行就好」，結果被聽眾問了：「能夠引發創新般的創造型人才就算了，除此之外，那些沒有創造力，只能以生產力當作指標衡量工作的人該如何是好？」

我認為，「沒有人只能專門追求生產力和效率」。就好像古代階級社會中，誕生於上流階級的人認為出生下層階級的人血脈低人一等而看不起他們。而現在與這個比喻同樣意思的偏見，被套在無法從事創造型工作的人身上，那是完全錯誤的看法。

只要給予正確的動機並提供協助一直從事同樣工作到五十歲的人，那個人絕對能夠改變。那並非只要上學就能夠做到，而是更深遠的層面，即**改變自己的身分認同**。我堅信，倘若整個社會都具有這種意志，就能夠改變。

譬如，沒有受過教育的年輕人加入美國的軍隊時，能夠迅速讓這些人學會各式各樣高超的技術。因此只要大規模舉辦這類型的研修企劃即可。

工作狂的高齡人士重新挑戰，確實比較困難。不過重點並非在於改變人生觀、職業或家庭環境，而是改變自己的主觀。人類其實擁有適應力和熱情做出這種行為。

那麼為了予以實現的環境、技能或教育，該怎麼做呢？那就是**來自公眾的支援**。想成為這種人、這類型的人比較好，我們需要這一類的角色範本。

許多在工廠工作的男人，給人粗獷的印象，一直活得很陽剛，而他們必須另外準備自己想成為人物的範本。那由公眾提供，是叫做創業精神的治療法。要說為什麼，是因為許多人幾乎不經思考就在做自己的工作，不認為工作對自己有價值。這麼一來，規模就會變得很龐大。

話雖如此，美國在伊拉克戰爭中浪費了超過兩兆美元（約六十兆台幣）。兩兆美元耶！假如挪用這些經費重新訓練的話，明明就能幫助人民了。我認為至少現在的美國，有足夠的預算執行各種事項。

無聊的工作交給人工智慧，能夠以創造的工作維生的時代

我從以前就提倡，**「只要擁有幾千名『真正的粉絲』，許多創作家就一輩子不用擔心生計」**。未來所運用的人工智慧的想像，大多用於步驟重複、無趣且追求效率的工作上。這種麻煩的工作通通交給人工智慧，我們人類自由了，可忙於更富有創造性、祭出成效的工作。

已經有好幾百萬人在 YouTube 上發表影片了。在這個平台上發揮的創造力令人驚艷。這些人並非真正的專家，而是擁有其他正職工作的人。不過假如在兩百年前，他們會在某個地方忙著耕田，也沒有任何餘力從事新事物才對。

不過現在他們會花上幾星期拍攝影片，講解製作某個物品的方法，或某個物品的構造。這種創造力，在運用科技前就存在於他們體內，運用因科技而多出來的時間，成為創作家，

分享影片，結果大放異彩。

在兩百年前沒有 YouTube 的時代，農家中就有人在家裡後院創作不會有人稱讚的奇怪雕刻了吧。不過，現在連農家都能夠與全球連線，或許也有一千人左右會給予這種雕刻好評呢。以前這種情況是不可能的。

現在，**只要在一百萬人中，有一個人認為很有趣就可以**。只要運用 YouTube 或網路，任何人都能夠面對幾十億人口發布訊息，可以在這群人中找到約一千名粉絲。

就算認為自己不是創作家的人，也能透過日後出現的科技成為這種人。

在家母那一代，料理是每天非做不可的家務，沒有人認為料理是一種創作。不過現在在 YouTube 或 Netflix 的節目中，創意料理逐漸公開，與以前類似的食譜，也被視為創作而受到好評。

收集某個物品、在後院建造風車、裁縫……無論何種興趣，世界上都有人會給予好評，透過分享，獲得其他人的鼓勵或稱讚。這些人都會成為你當上創作家的動機。

通用人工智慧並不存在

話雖如此，人工智慧並非萬能的。我的前同事史都華・布蘭德在雜誌《全球概覽》中，下了副標「我們將成為神，也必將擅長當個神」。我們如神一般的力量確實增加了。並非全知全能、無所不在的意思，而是能夠創造新事物，或者創造能夠創造某種事物的東西。

至高無上的神，並非指創造世界本身，而是做出能夠創造世界的生命。也就是二次創造。因此，這種做法比起從一開始創作更加簡單。只要成為能夠創造世界、創造他者的神即可。基於這個定義說明的話，我們成為神，製造出人工智慧或者機器人，而這些產品中的某一個達到擁有意志、能夠基於自由意志做創造活動的境界，「他們」就能夠發明其他新事物。到了這種境界，也可說我們成為了神。

話雖如此，我並不相信通用人工智慧這種東西，我認為這種說法終究只是種神話。那是由於人類自我中心發想的緣故，對於知能產生錯誤的理解而出現的想法。這種情況也因為這顆星球上有智慧的生命並不多，人類是特異的存在，因此有著認為自己擁有通用智慧的傾向。

說到底，我並不認為我們的知能具有通用性。**人類的知能，只不過是為了在這個星球上**

經過幾百萬年後存活下來，進化後的狹小的特異合成物罷了。只是在所有可能的思考方式中和精神空間中微不足道的存在罷了。因此我認為不會出現通用人工智慧，只有個別的人工智慧。

這一點，和我們不具有適應性的身體是一樣的道理。我們的身體進化成為了能夠在非洲莽原生存，並不適合在所有環境中生存。

地球上所有動物的身體為了存活，都是非常獨一無二且特殊的個體。而關於我們的知能，也能夠這麼形容。

倘若我們能夠調查宇宙中其他所有知能生物的話，就能知道他們的知能完全不一樣，種類豐富，具有驚人的多樣性。

而**日後做出來的人工智慧，同樣也個別擁有單一功能**吧。確實也會出現能夠完成許多工作的通用型，不過就像在廚房用調理工具般，製造出同時擁有菜刀或鍋鏟等一切功能的工具，個別的功能也沒什麼大不了的，就和這點一樣，並非真正的通用人工智慧。

譬如說，人工智慧更聰明的話，或許會對股票市場帶來更強烈的影響，不過假如任何人都能夠用人工智慧連線的話，這種效果就會被抵銷了。股票市場原本就不可能預測，投入更多人工智慧運用的話，反而變得更加無法預測了。只有某個人運用的話，或許能夠順利吧。不過，假如到人人皆可運用的地步，彼此就會互相抵銷效果。因此，預測將更加困難。

如何思考人工智慧所帶來的變化

最近，已有許許多多的物品中裝設了人工智慧，譬如裝設人工智慧的汽車。我以前曾列出清單「最不可能與人工智慧組合的東西」，而在最後提到了「編織與人工智慧的組合」。不過這種組合實際上已經實現了。

前幾天，有個德國人寄信給我，信上寫著有關編織的人工智慧程式（笑）。因此，在物品上裝設知性，或者讓物品更加「智慧」的行為，已經不會讓人感到驚訝了。甚至可說，倘若人工智慧做出嚇了我們一跳的事情，則是裝設人工智慧帶來的**副作用**。

我來說明這是怎麼一回事。科幻小說大師亞瑟・克拉克曾經說過以下這段話。「想像自動化很容易。萬物都自動化了，譬如馬車變成汽車，這是非常簡單的想像。不過，自動化所帶來真正重大的衝擊，是汽車出現所造成的副作用。舉例而言就是塞車，或者發生交通尖峰時段。或者戶外電影院……這種副作用，也就是說想像從最初引入的東西產生何種影響是很困難的。」

因此，「X與人工智慧的組合」想像這部分果然同樣簡單，而思考副作用帶來的影響才是困難之處。

當我想到這種副作用時，會如何思考呢？譬如汽車。想像汽車普遍存在於世上，也就是**無所不在時，會是什麼情況**。這麼一來，塞車或者交通尖峰時段等現象就會出現了。

嘗試替換成人工智慧後，思考當人工智慧變得普及時，意即人人持有、無所不在，且不特別引人注意，已經理所當然般滲入日常生活時，會變得怎麼樣。

並非少數人持有，而是人人擁有的狀態時，譬如說一部分人或許會過著「完全沒用過那種人工智慧」的生活。或者說，普遍存在的人工智慧彼此變得會溝通的話，又會變成完全不同的世界了吧？

不同境界的人工智慧另外誕生，或者人工智慧與人工智慧彼此的關係變得有意思也說不定……這種故事，會聯繫至有趣的故事。我總是用這種方式思考。

科技四巨頭沒落以後的世界

二十五年以內，科技四巨頭將被取代

創立 Amazon 的傑夫・貝佐斯曾說，**「亞馬遜有朝一日會倒閉」**。科技四巨頭約莫二十五年內會被取代，不再像現在氣勢如虹，龍頭寶座將拱手讓人。只不過，還要過一百年才會退出市場吧？雖然西爾斯百貨公司破產了，其後被收購，也依然尚未退出歷史舞台。西爾斯約二十年前已經非百貨業龍頭了，不過一直留在市場內。

有鑑於此，雖然我認為 Amazon 會一直存續到二十年後，進入下個世紀之前或許就消失無蹤了。由於那是巨大無比的企業，因此唯有一部分伺服器將被保留下來。

Facebook 只有一個實體，因此其地位搖搖欲墜吧？而 Google 由於太普及了，我不認為會消失。不過縱使 Google 現在的搜尋功能被保留下來，擴充實境中的搜尋功能或許將由其他企業一肩扛起。總之**在一、兩代之內，科技四巨頭的地位將拱手讓人**吧？

除了 Amazon，另外三間企業沒有聘僱許多員工。這種做法的公司，每個員工都是高收入，這種狀態會持續下去，也將逐漸成長吧？也有人說，如奇異公司產生雇用機會，是大企業的義務，是件好事，但我覺得正好相反。雇用需求不用供過於求。

機會隨處可見，各種形式的雇用型態都是有可能的，因此一間企業旗下有許多員工並非上上之策。人員一多，就變得難以改變企業文化，每個人獲得的利益就會逐漸下降，因此我認為減少員工也是不錯的做法。

現在，成長茁壯宛如詛咒本身般，社會潮流反對變得巨大。不過我的想法不同。在網路上，龐大的現象極其自然，愈龐大則愈能幫助他人。倘若維持現狀不變，也挺令人傷腦筋的。

大企業會被將來茁壯的公司取代，那間公司又被下一間公司取代。不過在這些公司支配的期間，將形成有益於消費者和開發者等相關人士的環境。

況且正因為巨大，也擁有可能性。假如想前往月球，得在巨大的體系下製造大型火箭才行。建設太空站或者防止地球暖化，也必須建設大型設施。因此最近「反對巨大化」的潮流是不對的，缺乏大組織的幫助，就無法擬定更宏大的計畫和更加遠大的目標。

這種大組織以人類的力量支撐，必須成為可維持環境學或生態學的優良組織。大組織可成為好組織，亦可能成為差勁的組織。

對於科技四巨頭的規範毫無意義

如我方才所述，巨大科技企業壟斷被視為問題，而對於這些企業，以後的規範和限制似乎會更加嚴格。不過，許多人沒有察覺，然而**規範大企業的結果，反而更加強化他們的力量了**。結果，競爭企業變得無法予以抗衡。這是因為雖然大企業能夠負擔因規範而產生的成本，不過小公司無法這麼做。

規範對消費者而言是件好事，不過對競爭企業沒有好處。日後數位業界的規範會被強化，然而結果僅讓大企業勢力茁壯，無法抑止他們。

規範對新創企業打擊重大。譬如為了應付歐盟的GDPR（歐盟的通用資料保護規範）

會耗費極大成本，企業不會積極應對。不過 Facebook 或 Google 有充足的資金，因此可以支付遵守規範的金額，屹立不搖。另一方面，對於新創公司是無法負荷的沉重負擔，競爭力會被削弱。

意即，在競爭這件事中，可說規範反而會讓壟斷狀態更加惡化。至今為止，擔憂的事情為壟斷狀態會導致產品價格之類的提升，損害消費者權益，不過現在的壟斷狀態，由於網際網路效果，不會危害到消費者。相對的，所有物品變便宜，消費者可獲得好處。現在壟斷狀態下令人掛念的問題並非消費者，而是競爭，規範其實讓競爭狀態更加惡化。

規範是為了讓一切變得公平而制定的，主要是為了保障消費者。原本應為促進競爭而訂定的規範，在這種問題上卻顯得模糊不清。

確實，或許有某種創新規範可以保證競爭條件也說不定。一九七〇年代議論紛紛、全球最大的電話公司 A T & T 的拆分，原本是為了提升競爭而做的，實際上這個決定可說促進了競爭。

轉換電信公司可保留電話號碼的電話號碼可攜服務，也是為了促進競爭。只要其他電信公司提供的服務也能使用自己的電話號碼的話，就能簡單更換手機電信公司。因為以前必須更換電話號碼，因此沒有人會換到其他電信業者，而這種規範則讓新的競爭誕生了。

因此，有些規範確實能夠幫助競爭。不過，至少在美國，壟斷這種思維是適用於消費者的。因此我們必須轉換發想，思考競爭本身帶來的壞處呢。也就是說，得重新定義壟斷這個詞。

然而，美國法務部對於數位業界市場，開始調查 Facebook、Google、Amazon 等是否做出違反競爭狀態的行動。政府關於競爭法的行動總是慢一拍呢。政府是在無可挽回才第一次展開行動。也就是說，事到如今已經不需要出手干涉了。

現在發生的壟斷是暫時性的現象。由於新科技擴增實境出現了，因此不會發生太久吧。雖然現在發生「自然壟斷」（比起多間企業生產，一間企業生產要更有效率的場合，會自然發生壟斷），卻不會長久下去。而一般而言，美國政府產生興趣，都是在尖峰期過後呢。

下一個趨勢開始發生，驅逐統治上一代的東西，如智慧型手機般的產品取代占據了新時代的位置，**要花個十年**。微軟和AT&T的動向也花費好幾十年。

因此就算法務部出手干涉，也不會隔一年就解決，而需要十年。而等十年過後問題解決的時候，該規範會變得幾乎沒有效果。因為與規範沒有直接關係的某種東西，自然會排除這種規範。

而正如我所指出的，當事人的目標變化了，壟斷的定義本身也會逐漸改變，處理上變得非常困難。而且變化速度非常快，效果會變得不足夠。

即使巨大企業倒閉，也不會解決任何問題。這種事情和假新聞一樣，即使給予打擊，假新聞也不會消失，也不會造成任何影響。治癒這點的關鍵不在於人抱怨的部分，而是乍看之下毫無成效的地方。比起解剖、給予傷害，倘若有與他們的目標不同的解決方法的話，盡早實行或許還比較有意義。

問題是，對於愈龐大則獲得愈多的「網際網路效果」，沒有能夠充分應對的有效工具。主張不希望某種事物變得更好，是非常困難的。因為這就好比希望變得比某個東西不好，想回到原本模樣之類的事。

有鑑於此，現在大家對於巨大的事物感到過敏，我認為這是不對的，也是種誤解。龐大的事物分明可能成為好現象，卻有人總之排斥巨大本身，只管口出惡言，不過我覺得不應該未經深思熟慮就表示反對。

「新石油」大數據能換錢的機制

以後，**彙整、管理資料的交易公司將會出現**吧？我的想法是，每個人都會自己管理自己的相關資料。即使自己的資料有令人擔憂之處，由於自己管理實在太費工了，因此就向不動產交易時委託代理人。就像購買建築物和房屋時委託不動產公司一樣，個人資訊管理也會委託代理人。

尤其是你的個人資訊價值高的情況，就需要代理人。無關乎資訊有價值，沒有人會付錢。假如使用這種交易公司的情況，我們會把所有資料交給他們，而他們會全天候追蹤我們的生活。舉例而言，交付資料的對象向我們收取了五美元，其中一美元是管理手續費，四美元則會交給我們。

大數據的價值將急遽增加，有幾個原因。約日後十年內，為了訓練人工智慧，需要好幾百萬規模的大數據。最大層級的人工智慧公司為大數據的公司並非偶然，而是因為現在**手邊沒有資料，就無法用人工智慧做生意**。

最先因為這種人工智慧遭受影響的，是處理極為大量資料的金融業、醫療業和零售業。

正因為擁有資料，才會被人工智慧影響。意即大數據不僅是消費者和企業的生產製造需要，用在訓練人工智慧上也有價值。

現在，在許多網站上都寫著長長一篇關於個人資訊的利用規範，不過沒有人會認真閱讀。實際上代理你的公司才需要理解。因為消費者無法理解這些規範，因此我也需要如律師般的人才代理我本身、實際幫我工作。

他們會探索所有問題，幫忙找出最好的條件。這種人稱為資料代理人，是如律師般理解問題，尋找出必要事項，為我們帶來利益的人。

重要的是，**我們這種消費者透過與他人分享資料，應該能獲得更多的利益**。現階段，這種價值都被科技四巨頭等大企業吸走了。雖然沒關係，不過好處通通被他們拿光，我覺得不太好。因此，應該思考從其中回饋給我們的方法才對。

另外，我認為運用大數據也需要規範，不過應該最後再執行呢。對科技祭出規範的難處，在於當某種科技被發明而出時，光思考這種科技能在什麼地方做出貢獻，也理不出頭緒來。得透過每天嘗試使用，判斷這種科技是否有用處。

因此在完全理解這種科技之前，無法獲得應該做什麼的共識的情況下，訂定拙劣的規範是很危險的。**規範最好的方法，是基於共識訂定**。應該如何使用這種科技才好，在獲得社會上的共識後，訂定規範即可。

我們現在對於社群媒體正處於形成共識的途中。實際上社群媒體是如何運作的？如何對人類造成影響？有何種資料？現在還在探索。**我們使用社群媒體也不過經過五千個日子左右**，然而政府卻淨挖掘不好的地方，以訂定法律。現在依然在發展的階段，因此制定規範，等到最後的階段實行就好。

平台掌握下一個經濟的關鍵

我不認為資本主義的未來是現在的政府或公司這種形式。首先，有政府，有平台，有公司。而平台蓬勃發展的前方，則是未來的資本主義。雖然近幾年，在全球活動的科技四巨頭、騰訊、百度等大企業經營著平台，不過我們逐漸了解平台不是公司，也不是政府，而是一種位於中間地帶的東西。

直到一九八〇年代，有公司、政府和非營利組織，非營利組織被稱為第三部門。因此平台是繼這三種組織後，加入的第四種要素。

平台是公司所經營，擁有政府般的功能。資訊公開，為任何用戶敞開大門，提供各式各樣的服務，也發行社會安全碼般的ＩＤ。平台也代替處理以前政府做的工作。

不過平台的經營型態是股東與公司。型態是混合的形式，不屬於兩者，具有多方面貌。人在平台上度過許多時光，平台作為某種媒體，也就是也能傳達新聞的媒體，如以前被稱為第四權力的媒體業那般運作，也擁有娛樂的功能。

除此之外，作為流通模型，也像電信公司那般做買賣。亦有 YouTube 般的服務，Google 的搜尋服務般的功能。

由於最近 Google 會回答我們各種問題，因此上公共圖書館的人也變少了，不過平台也擁有圖書館般的作用。以前政府會出資建造圖書館，不過現在是 Google 這麼做，過去由政府負責的搜尋功能，就像這樣變成平台的工作。

新型態的資本主義，是理解、讓這樣的平台發展而邁進的吧。經營平台的科技四巨頭般的世界級企業與政府類似，雖然擁有與政府幾乎同樣的權利，但幾乎無須負擔政府般的責任。我們所有人，現在還在理解他們的職責，以及與政府之間的關係。

這種新平台能否如政府那般達到保持公平的職責，仍是個未知數。我也還不曉得會變成什麼樣的型態，不過我認為**資本主義的未來，將歸因於平台的進化**。

第三章

科技讓所有產業改頭換面

飲食的未來

合成肉改變的飲食

我現在最關注的科技之一，就是生物科技。前幾天，我前往了某間特化生物科技的育成中心。那是位於舊金山的 IndieBio。那個地區，已經設立了許多間**合成肉**的公司。那裡聚集了許多新創公司。每年約兩次，每次成立十五間，也就是說光這間育成中心，每年就會創設三十間新公司。

我和其中一間公司 New Age Meats 促膝長談。其他尚有 Impossible Foods、Beyond Meat、Memphis Meats（其後公司名稱改為 UPSIDE Foods）等同樣性質的公司。這些公司用來自於植物的成分或動物細胞，製作也被稱作「不殺害動物的肉」的人工肉。

合成肉的豬肉，有豬肉的細胞、脂肪和肌肉，但並非飼養豬肉而獲得的。不僅不殺害動物，亦能夠製造更健康的肉，改變味道，也能夠提升肉質。那些公司下了許多功夫喲。而且由於生產效率和太費工了，因此不會製作骨頭等不需要的部位，只會生產肉的部位。況且，獲得的營養基本上與餵豬的營養一樣，是大豆與玉米。

就像科幻電影中的情節，只要有心想做，就能做出任何東西。我認為**合成肉的產業會蓬勃發展，成為重要的產業**。這個產業會製作像我這種已經十五年沒吃過豬和牛的人能吃的肉。

我的飲食生活是彈性素食主義分支之一的「德州素食主義（texatarian）」，因此吃魚肉、鳥肉，但是不吃豬、牛、羊、馬等哺乳類。我只吃即使親手殺掉也不會有罪惡感的肉。我在家中庭園養雞，成長到能食用時便會殺掉，我也會吃魚。不過豬很聰明，所以我不吃。話雖如此，如果不需要殺生，那麼我會開心享用。因此我接受合成肉。另外，若因為宗教上的原因而不能吃肉的猶太教徒，也能夠吃合成肉呢。

生物科技的新創公司也會製造起司。譬如說，沒有乳糖或膽固醇的莫札瑞拉起司。雖然味道完全一樣，但並非直接用牛做的。許多亞洲人也有乳糖不耐症，不過不含乳糖或膽固醇的任何起司都能夠製造而出，味道也一樣。我有預感，這種產業會蓬勃發展。

這種做法就是生物科技的應用。我造訪的企業中，擺著像釀造桶般的裝置，就好像小規模的釀酒廠一樣。使用與釀酒同樣的科技，配置與酒廠同樣的設備。因此這種企業會飛快成長。

由於新生物科技，現在能做出不同種類的肉，能做出營養價值高的食品，味道也變好，也能夠配合個人口味製作等，產生了新的價值。

就像數位科技發生的一樣，生物科技的發展速度也提升了，變得容易選擇，種類增加，能夠客製化，產生了這些變化。這叫做**未知的生物學**。

生物科技匯集資金的背景

光在舊金山南部，就約有兩百多間生物科技的公司，矽谷的其他地區也有約一百間公司。

舊金山灣區四周出現了巨大新創企業的生態系，這些公司從合成肉開始著手，拋棄式的有機塑膠、新型態的魚類養殖法、建材，甚至空氣淨化，不限於食材，展開了範圍廣大的生物事業。

近幾年生物科技新創企業興起的原因有好幾個。首先，生物的工具和科技十分進步，不須準備大筆資金也能夠加入這塊領域。以前由於基因的操作、設計的方法受限，因此加入這塊領域需要大筆資金，也很花時間。不過，最近這種工具愈來愈多，愈來愈廣泛。

第二點，是因為我在前面提過的育成中心。某些擁有點子的年輕人邂逅彼此，前往育成中心的話，以前得花費好幾百萬的專案，現在立刻就能著手進行，在四個月內就能夠開始製造了。

實驗的工具變便宜，各式各樣複製的方法也很齊備了。那裡現在，已經可用釀酒用的容器和幫浦等同樣的設備製造實際的產品了。

況且，也能夠委託外部的公司，用不著自己做完所有的階段。這正是新創生態系有意思的地方，從某間公司手中得到某種材料，這裡的基因排序委託外部，這裡交由其他人處理……能夠這樣做事。有能夠當場做出試作品與實際產品的支援系統。這種工具全都是革新的，工具數量也愈來愈多。

第三點，就是現在數位界的公司太多間了，看見生物科技發生各式各樣的創新，也愈多人認為，這裡就是下一個商務機會，是未開拓的土地。競爭尚未變得劇烈，分明是個廣大的領域，卻還不混亂。

而第四點則是籌措資金變簡單了。在現在這種高齡化社會中，有愈多業界充斥著將資金投入健康和生物的氛圍，因此想投資的人變多，能夠運用的資金也很充沛。

我們將生活在「新生物學的時代」

我在第二章提到「新生物學的時代即將來臨」，而這句話在現實中確實在進展。我們能夠**控制生物學命運的時代**來臨，可變換自己的容貌。

如我方才所述，食物已經在畜產業領域緩緩發生了變化。生物科技產業今後會更加流行，一定就像現在任何人都能用電腦寫程式一樣，在 YouTube 學習做法，或者出現一種工具讓任何人都能夠調整生物科技。進入這種時代的話，我們就可改變生物學上的自己吧。改變人類本身，也改變子孫那一代。譬如說，為了治病而做基因治療。

二〇二二年，基因編輯技術 CRISPR-C9 剛問世，而日後一百年內將有更多種技術問世吧。只不過我很懷疑，到了那種時代是否真的能夠成為自己理想中的模樣。生物科技不會達成所有願望，也需要其他科技。而且首先自己的理想到底是什麼，這個問題也引人深思呢。即使社會認同這種做法，也有人不想接受吧。為孩子著想而調整基因的做法是否妥當，這類議論也會愈來愈多吧。無論如何，將出現許多比起現在的墮胎問題更加困難的問題，產生更多爭議吧。

訂製嬰兒亦然，議論不僅限於此，其他問題都會席捲而來。方才提過的合成肉也一樣。譬如說，自作主張讓動物產生變異好嗎？應該做豬牛混合的肉嗎？製造介於豬牛中間的肉也沒關係嗎？……會出現諸如此類的問題。假設做出沒有腳的雞，讓這隻雞一直坐著，又會發生什麼事呢？也就是說，以後不曉得應該如何處理的問題，在日後一百年內還會增加吧？

農場成為人工智慧與機器人活躍的場所

接著稍微談談農業與科技結合的**農業科技**。一般而言，我不認為科技會對自古以來就有的農業領域帶來重大的影響。不過，我認為對農業影響最大的是人工智慧與機器人。

最近**「精準農業」**被發明了。譬如說在拖曳機上裝設人工智慧，裝設長手臂，在萵苣或玉米等農作物在耕地上移動，每塊耕地都裝設了攝影機，能夠同時監視二十五塊左右耕地中作物的情況。而且裝設了GPS後，也能夠測量位置。攝影機捕捉每株作物的模樣，評估各自的健康狀態，能夠給予正確分量的水、肥料和殺蟲劑。透過個別處理作物，減少水或肥料的用量，就能夠節省整體多餘的用量。農家以前就想做這種事，不過至今以來因為技術的緣故，無法辦到。

幾百萬株農作物會個別受到最妥當的照料。這正是人工智慧、機器人能夠應用在自古以來農業的好例子。個別處理每一株作物，減少撒在這些作物上的肥料和資源的用量，以提升整體作物的健康狀態，讓農業的做法轉變，產生非常醒目的效果。這種例子，已經出現在現實中了。

另外，採收農作物也適合用機器人呢。摘草莓等工作，對人類而言是相當辛苦的勞動，大規模進行這種工作，讓機器人處理就好了。已經有人類無法搭乘的拖曳機了，使用GPS自動駕駛、運作。將來**在大規模農園中，將由機器人全天候進行收割或播種等工作**吧。

這種結果，會讓所有糧食的價格不斷變便宜吧。我稍微想到了阿米希人，他們主要是來自德國的移民，是尊重前現代生活方式的一種基督教派（二〇一九年時，人口約三十四萬人）。他們以緩慢的速度接受科技，不過也用榨乳機。此時我問了他們，如果有機器人榨乳機的話是否會使用，他們回答會用。那是因為那種機械是讓他們的生活變輕鬆，能夠增加與家人共度的時間，在這層意義上是「好的科技」。不過在世界上，總是在追求效率或生產力呢。但是，其實他們這種思維，正是科技存在的真正原因。我將在後續稍微說明這一點。

移動的未來

自駕車將在二〇四〇年以後成為主流

將來在矽谷，自動駕駛會站在交通的未來的最前線吧？只不過，沒有駕駛、完全自行自動駕駛汽車能夠被製造而出，至少還要十年吧？比起預期的時間還長，分階段發展。首先在高速公路設置專用道路，從長程運輸卡車的自動駕駛開始運用。接著在停車場自動停車功能會被運用。接下來在街上，設置尤其為自動駕駛專用指定路線，順序是這樣。

不過達到這個階段之前，有許多應該做的事情。除了將人類搭乘的汽車變更為無人駕駛車，整體的基礎建設也必須改變。道路標誌、交通訊號也要變更，必須建構自動駕駛車專用的基礎建設。以往都是為了人類而精心設置的基礎建設，不過自動駕駛車無法行駛在這種道路上。

尤其在一開始，必須讓兩種方法並行。比起排除人類，只讓自動駕駛車輛通行，讓兩種方式混合在一起較困難。而不僅變更車輛，連所有的標示、習慣、行人的應對都改變，得花上好幾十年吧？

同時有人類與機器人兩種駕駛，機器人做事保守，人類衝過頭，彼此相互競爭優劣。因此不僅讓車子自動駕駛，我們必須解決在這之上的許許多多問題。譬如，像開車禮儀欠佳的波士頓之類的城市中，要**再過二十五年，自動駕駛車才會占大多數**吧。

最大的阻礙，就是兩種駕駛（自駕車與人類駕駛）混合上路的情況。變成這種情況時，百分之九十九的安全性無法令人滿足，被要求的是百分之九十九點九九九以及好幾個九並列的精度。克服最後的極小數點部分是最困難的地方。達成百分之九十八還很簡單，剩餘的百分之二就很困難了。道路的整備或暗巷等處，在最後的部分是最困難的。

而且自駕車塞住的話，也無法離開原處，我們必須對這種狀況事先有所準備才行。明明塞在車陣中，假如車輛本身卻陷入無法做決定的狀況，你也會立刻火冒三丈呢。人類連這種例外的小狀況都無法忍受。要把完成度的水準從這種地方拉高非常費時，這種地方就是問題所在。

智慧城市會實現嗎

杜拜在進行智慧城市計畫，那裡引入自動駕駛和全電力住宅非常容易。往這種方向的發展是不可避免的呢。之後就是該如何實踐，如何順利運用的問題了。

雖然只是閒聊，最近像智慧型住宅、智慧城市、智慧手錶等，在許多事物前面加上了「智慧」，不過我在想，用可控（hackable，指使用者能夠操控）這個詞彙取代怎麼樣呢。把「智慧〇〇」這種詞彙全部替換成「可控〇〇」是可能的。若替換成可控城市的話，就會對於現在裝設的監視攝影機或駭入浮現疑問。這種東西本身有社會成本，會因此阻礙普及。

智慧城市理論上是非常精彩的構想，不過等回過神時，這座都市就布滿了監視器，以車子為首的一切物品都會受到追蹤。這種都市無法令人喜歡呢。你一走在街上，就會被所有的監視攝影機追蹤喔。

倘若在十年前，這種情況或許不是什麼大問題，不過現在反對的意見占了一大半吧。確實以科技而言這是可能的，不過支付的代價就是時常被追蹤。

順道一提，我說的鏡像世界，也是可能用擴增實境追蹤的世界呢。這正是虛擬的智慧城市本身。是否能夠說服人們這是個好東西，是個問題。人人視為問題的，是自己的資料被城市、政府或 Google 保管在某處。

美國人比起政府，有更信任企業的傾向。**日後，社會基礎建設，或者社會倫理、習慣方面的問題，比起技術層面可否實行，還更加重大**。智慧住宅亦然。每個人都討厭自己的行動受到監視吧。最近，Amazon 的 Alexa（智慧型喇叭）隨時都能聽見家中的聲音，這點就受到反彈了。

這麼一來，資料或情報共享、被追蹤等問題，就必須由所有人好好討論一番。不過依現在的狀態，不會有結論吧。唯一能說的，就是對於這個議題，如果只有科技的問題就能夠更早解決，不過為了避免獲得利益後產生了負面利益，要視為社會性問題處理，得花費一番時間。

其中，也有人的意見是，應該全部撤除這種監視攝影機，才不需要智慧住宅或智慧城市。不過實際上無法這麼做，會設置更多攝影機、進行更多追蹤。這種問題，只能倚靠更優秀的科技解決了。

而且，Google 還有「聯合學習」或「差分隱私」等系統。這並非透過智慧型手機或智慧眼鏡等各個裝置收集每個人的資料，而是僅運用人工智慧分析收集到的結果的方法。將裝置端末用人工智慧做處理，只收集分析結果，可幫助消除個資疑慮的科技。這是我所思考的，智慧城市或智慧住宅等智慧世界中面臨的問題，不走回頭路或也不停止，而是用更好的科技解決的例子。

智慧公司實驗

另外，如 Google 這種擁有廣大腹地的企業，也能夠引入如智慧城市般的運作吧。在寬廣的場所建立好幾棟大樓，可以合法監視員工。我認為這種發展的方向是有可能的。

員工知道自己被監控，公司能夠合法監視員工分配時間的方法，或者行蹤。不過，員工當然認同這種作法，而他們在這種情況下也得滿意、舒適地工作才行。

對於許多員工而言，一整天被攝影機監視、評估，感覺依然不好吧。縱使為了提升效率或生產力，監控員工也有道理，不過針對員工做這件事情，又不好說了。

因此，如果雇主不具有正當的理由，就無法實現，而這種嘗試或許是良好的試金石。畢竟假如不謹慎進行，員工就會排斥這種作法而辭掉工作呢。

我本身，也和前《連線》編輯的友人格雷．沃爾夫共同創立社群「Quantified Self」，用 Google 等實施、讓工程師工作效率更佳的調查監控實驗。不過實際上員工對這一類的嘗試並不熱心，監控有減少的傾向。雖然我認為智慧城市會實現，不過得到居民和社會幫助，還需要一些時間。

實現智慧城市，必須擬定許多新的法律。美國現在，由攝影機辨識人臉的人臉辨識科技引發了問題。

我以前前往中國時，許多公司都沒有配給保全上的員工證。他們不用員工證，以人臉辨識取代。在野外動物園，入場時也不用票券，而是掃描顧客的臉孔。**在中國，人臉辨識取代了票券和員工證**。

不過美國對人臉辨識有所抗拒，警察運用從 Facebook 等製作的人臉辨識軟體，飽受批評。這也是科技的性能與人類反應完全不同的一種例子。

人類還要一段時間，才願意接納這種功能吧。如果可從中獲利，或許就願意接受，不過在這之前必須促膝長談。而且法律上必須明確指出哪種資訊可供使用，哪種資訊不可，而且很費時，因此法律留到最後再討論即可。

在中國，為了逮捕罪犯會用到這種技術，可說這方面是優點。為了迴避危險，也需要妥協呢。整個社會都要參與對話。即使制定了法律，人類為所欲為的話，法律就起不了作用了呢。因此以今後十年內，要一直談論同樣的話題。

飛天汽車打造的未來

我的義理兒子做出飛天汽車最初的原型。在車身周圍裝上八個螺旋槳，改變角度也能往垂直方向旋轉，雖然比不上飛機的速度，卻能夠飛行。實際的模樣，基本上是在車體裝上螺旋槳，如無人機般的模樣，也裝設了小型翅膀，以便在離地後滑行。他的公司已經販賣這種「**飛天汽車**」了。

不過，飛天汽車的飛行距離和可駕駛的地區依然有限。有規範限制，也並非能夠飛到任何地方，因此第一位購買的人，是為了在牧場這種占地寬廣的私有地中移動。再加上極為昂貴，且數量也有限。手機在最初推出時也是這種情況呢。最初的模型體積大且昂貴。不過每年價格都往下調，現在成為任何人都能夠負擔的產品。

也有人想像飛天汽車占據了天空的時代，但是不可能這樣吧？其中一個問題就是噪音。噪音會給附近的住家帶來困擾呢。加上離地時得在地面上滑行，因此非常危險，安全性會被質疑。因此，**一開始只能在有限的場合中駕駛，無法拿來通勤之類的，這種狀態會持續三十年**。

另外，還有一個問題是飛行的高度吧。飛行汽車技術上飛行的高度不限，不過超過某個高度，就會受到聯邦航空局的規範。考量飛機航路，也沒辦法飛得太高。由於噪音很大聲，因此附近的居民應該希望不要飛得太低。

這種時候，我想到的是特別的運用方法。作為緊急搬運用的直升機，或特別的高速貨物運輸，可另外打造一個起降場供人使用。由於一開始就無法在一般道路上降落，因此最初的離地要在指定的特別場所執行。因此拿來使用的，僅限於大型牧場、設施或工廠。

這麼一來，暫時主要由企業或公共使用，而在私人用途上，除了大富豪以外都不會有人駕駛吧。許多開發者都思考作為計程車的運用。在附近指定的場所搭乘，經由特別指定的路線前往都市。不是由自己駕駛，大概是自動駕駛的模式吧。比起自己擁有一輛，基本上以租借的情況較常見。

無人機愈來愈多人使用

另一方面，小型無人機已經飛翔了呢。Amazon 說預計用在送貨上。我不曉得這種用途是否會成為普遍的用途，不過無人機一定會被運用。

在盧安達，**無人機被運用在藥品的配送上**。由於有些場所沒有道路，或者道路沒有修繕，因此這麼做，能有效果地迅速且確實送達醫療用品或有價值的物品。由於我們的國家道路都有好好整修，因此日常上不需要這種運用，不過也有這種用途。

我想說的另一件事，就是再經過二十五年或三十年左右，商用的航空機或許也會改為自動駕駛。我們也可以認為，沒有機長的客機，某個意義而言是無人機的擴充版吧。而一開始會運用在貨機，而沒有機長、大型的客機會定期航行吧？

我認為總有一天，會實現**把小型無人機當作客機使用**。要說為什麼，因為客機最高的成本是機長等人事費用。已經有客機實際裝設人工智慧，把人工智慧運用在航空的例子了。人類的機長只是以防萬一而搭乘罷了。離地、著地時已經交由人工智慧控制，沒有空中服務員對飛行並沒有造成多大的阻礙。

這麼一來，也要提到不需要機長或自動駕駛的卡車司機的話題了。不過在超長距離的貨運卡車中，就算是自動駕駛的車子，人類也會搭乘。

譬如，進入波士頓等這類車水馬龍的都市裡，或許就需要由人類駕駛。搭乘的人待在開著空調的室內，除了需要開車時，其他時間能夠做寫程式等其他工作。這是**某種兼任工作**，雖然沒在開車，不過在做其他工作，就像緊急情況時會召回醫師之類的工作方法。

因此，計程車駕駛平時在做其他工作，或者機長平時都做飛行以外的工作，只在有必要時駕駛，會有這種轉換時間。

每天待在車內移動一小時，假如這種時候不用開車，那麼在這段期間該做什麼，就得好好思考呢。戴上護目鏡到另一個世界遊玩之類的，或者戴上智慧眼鏡能看見所有畫面，只要運用虛擬實境或擴增實境，待在車內也能夠做些事情吧。

在我的預測中，**比起居家環境，車子內會備齊更高速的通訊環境**。出門在外時擁有5G的環境，因為機器人駕駛時會大量用到頻寬。

金錢的未來

個人變得能夠與銀行做同樣的事

接著，來聊聊金融科技吧。把錢存入現實場所的必要性愈來愈低，網路銀行增加。而過去銀行的業務如**貸款、定存業務、換匯、抵押等，則被分割了**。

新的網路銀行，只會受理這類業務的其中一種。銀行不會處理所有業務，僅有定存業務、支票等事宜而已。而這些服務，在實體銀行會逐漸變得不受理。

因此實體銀行的運作，會變得像 Amazon 那般形式。Amazon 對許多人而言，是網路的虛擬商店，這種傾向今後也會延續下去，**銀行功能虛擬化**會愈來愈進步。

我們也不需要銀行窗口業務了。在現實中處理金錢只是浪費時間。我前往中國或瑞典等國家時，他們幾乎不用現金交易。總之為了付款而排隊等待的時間令人煩躁，我認為最好盡早廢除現金交易的做法。

在Amazon的實體商店，只要挑選商品帶到店鋪外，系統就會自動結帳，因此我覺得這種方式還不錯。採用人臉辨識，從我的戶頭中扣款即可。現在的信用卡只要被知道卡號，有時會被濫用，不過以後的每一項服務都會變得比以前更好。

不過不只是付款，生利息、貸款、投資、換匯等，金錢有許許多多功能。而且還有比特幣這種加密資產。我們操控金錢，讓錢生錢似的，一路開發出衍生的運用方法，而其他方法才開始代替這些方法。

貸款等行為變得輕而易舉，在中國嘗試了P2P借錢的服務，不過很遺憾地，由於腐敗或管理不周，導致漏洞出現。不過，假如手頭有錢，直接借給他人而自己能做風險評估的話，**P2P的金融系統**就有充分成立的可能性。

維基百科作為P2P的百科全書，一開始被視為不可行，但結果而言非常成功。因此，金融方面應該也能夠建立更多這種系統。這種系統的問題，在於若有不正直的人就會腐敗，不過藉由運用區塊鏈這類科技，應該能夠確保安全性和信任度。

假如我向你借了一百元美金，利息的貨幣會移動到你的帳戶內，決定利率，之後只要委託系統有附條件的用印證明即可。這與實際上從銀行借款具有同樣效力。金融科技在未來實踐的可能性依然在初期階段，不過分散化的流向發展後，只要個人希望，就能夠做到與銀行同樣的事吧？

只可能做真名的交易，「國家發行的加密貨幣」

區塊鏈原本是與通貨無關的數學領域，是為了妥善運用分散式帳本和帳戶的技術。以前交易時有本總帳，在帳本內記錄了所有交易，中央有個能夠信任的人可以誠實管理的方式。假如那本總帳四處分散，讓所有人擅自使用的話，要如何保證其信任度。

區塊鏈就是為了管理這種分散式帳本的發明。所有人共同持有總帳，無論何時何地都能追加帳本內容，交易前一刻就會產生數學性的連結。只要所有人承認交易的輸入，下一筆交易就會繼承這筆輸入。結果，新的鏈就會嵌入，只要以往的所有交易沒有造假，就不可能說謊。新的交易區塊與以前的其他區塊組合，成為鏈。這就是區塊鏈。

我認為區塊鏈是很厲害的發明，就像管線一樣。雖然是必要的科技卻不起眼，就和廁所對生活很方便、是不可或缺的設備，不過管線本身不起眼的意思一樣。幾乎所有區塊鏈都是看不見的，隱藏在背景之中。就像在 Office 系統中用的表格計算軟體一樣，雖然是工作不可或缺的軟體，不過一但用過、了解後，就不在意這種軟體了。區塊鏈也是同樣道理，雖然在交易等用途上非常重要，以後就只不過用來幫助改變世界罷了。

現階段，唯一讓區塊鏈實用化的大規模應用，就是比特幣或加密資產。不過比特幣本身也有問題，無法說是最好的應用實例。

最近，也推出了其他種應用。較知名的，是做出分散式網站、網路、鏡像世界般的東西，在這種世界中建立數位房間或屋子的話，可以保證能夠信任。因為**只要運用區塊鏈，就可以保證不能造假**。

而最近，也有例子是運用區塊鏈以保證無線網路中的頻寬。只要涵蓋某個地理上的地區，就能拿到點數。接著使用區塊鏈，確保在那個地區用 Wi-Fi 或無線網路時的頻寬或進行支付。這也是用擔保分散式信用的一種應用。

因此，區塊鏈應用在通貨上不過是其中一種例子。況且，一般人並不認為加密貨幣現階段和現行的貨幣一樣有用。加密貨幣成為投機的對象，數量限定且稀少性高，挖礦（追加交易資訊等）的程序也非常花錢呢。這就是數位金錢般的東西，比起通貨更易成為投機的對象。

理論上，加密貨幣在貨幣不安定的世界中非常有用，不過現實世界中其效用尚未被證明。因此，其可能性便只能委身於未來了。

當初，加密貨幣是任何交易都能匿名的地方吸引人的關心，但實際上並非如此。總帳本對外公開，無論何種交易都被看得一清二楚。而且用逆向工程也可以解讀、追蹤。帳戶被追蹤，能夠看見各個帳戶的交易，也能夠公開要求個人的本名。

由於這些特性，中國這類國家便打造專用的加密貨幣，讓所有人使用呢（二〇二一年現在，中國在進行國家發行的數位貨幣「數字人民幣」的運用實驗，報導指出南美的巴西、薩爾瓦多也採用了）。這種**國家發行的加密貨幣，全體國民有義務實名制使用**。在只能用這種金錢的時代中，所有交易透明化的金融環境成真，將成為截然不同的世界。

使用現在的比特幣、無法從外部連接的暗網方式的必要消失，也能製作完全公開的加密貨幣。任何人不公開自己的名字就無法購買。所有人的交易都是實名制，都會被記錄吧。這麼一來，加密貨幣就會分成非法用途的，以及受到完善監視的類型。

數位化證券加密代幣的使用、不動產的共同持有等，也有這類運用區塊鏈將任何事物化作商品的動向。不過相對的，就會令人不由得思考有什麼東西無法買賣呢。我對至今為止沒有商品化的東西感興趣。譬如說睡眠怎麼樣？有方法可以買賣睡眠嗎？

重要的是隨時隨地都有選擇。即使所有物品都商品化了，也一定有物品不適合這麼做。書也被當作商品買賣，不過也有像圖書館這種能夠免費讀書的地方，因此這種選擇最好有許多種。

譬如說，**將我的書架商品化**也是有可能的。前幾天有個年輕學生來找我，談了將自己的人生商品化的話題。販賣證書，販賣自己未來的收入。只要現在投資十萬美元或一百萬美元的話，就會一輩子支付多少百分比。這個主意非常有意思，雖然回收得按照當事人賺多少錢，不過假如這名學生將來成為比爾·蓋茲的話，就很驚人了。

NFT改變的「物品的價值」

二○二一年三月，推特創辦人杜錫以三百萬美元（約九千萬台幣）售出自己的「第一則推文」。

這個發文是運用NFT拍賣的，NFT是Non-Fungible Token（非同質化代幣）的縮寫，是運用區塊鏈的科技技術，能夠以**數位簽名**的形式運用。數位製作的創作，由於可以無限複製，因此沒有珍藏性。不過只要加上數位簽名的話，就能夠主張該創作的稀有性了。

不過NFT的問題是，只看在持有日後會繼續升值物品的人眼中才極富魅力。此時我詢問熟悉的創作家，不是升值，就算貶值也對NFT有興趣。

意思是在這個微小世界中，幾乎所有物品每經過轉賣，價值就會降低。換iPhone新手機，換新車，販賣音樂專輯或自己的書，百分之九十八的物品會比原本定價更便宜。就算是這樣，使用NFT也有價值吧？對許多人言，NFT商品是能夠期待增值的對象。

因此，成為NFT的商品價值非常高，僅限於就算長期而言貶值了也無所謂的東西。因此，依然無法正式運用。

不過，轉賣創作家的作品，或與其他創作一起評估時，能夠將ＮＦＴ用在作品的追蹤或評估上。

譬如說，假設二十個人在一個專案中完成了某個成果，即使那些人不屬於公司，為了讓銷售額公平分配給每個人，就能夠使用ＮＦＴ等科技產品吧。只要時間一久，就算無法賺大錢，人也會思考出許許多多的運用方法吧？

能源的未來

轉換成電力為脫碳的關鍵

我曾經詢問地球暖化、永續科技、研究能源問題的人，現在美國的能源消費情況。他們在美國政府監察全國能源的系統和消費情況。對方提到，降低二氧化碳排放量，也就是不用瓦斯或石炭等資源，用風力、太陽能、核能等發電，而汽車或電暖器，逐漸轉換成熱泵、馬達或無人機等種類。接著將所有物品轉換成電力能源後，他發現縱使用了與現在同等的能源，實際的能源消費也能降低到現在一半。

譬如說，一想到為了搬運石油，必須花費多少能源在貨運船或輸送管線上，為了搬運能源，需要花費龐大的能源。不過只要轉換成電力，就不需要這些手續，能夠以更廉價、更有效率的方式輸送能源。

汽車馬達比起汽油引擎，熱泵也比煤油暖爐更有效率，這些東西也做轉換，轉換至以電力為基礎的經濟體的話，**不用改變生活方式，能源消耗量也能夠降到一半**。

另外，我的活動同伴索爾．格里菲斯寫了本書《電擊》。我也為這本書寫了推薦文。這本書的主張，是將所有事物轉換成使用電力後，就能夠抑制地球暖化現象。能源或電暖器不用石油，非得將所有一切轉成使用電力才行。他提議，用太陽能、風力、水力或核能發電，從家中冷暖氣到包含飛機的所有交通工具，讓文明得以成立的所有工具都轉換成用電力。他說只要這麼做，就可以解決一半的環境問題。

譬如說，我現在為了女兒，在住家附近蓋房子，不過這裡一年四季都需要開暖氣，用的是天然瓦斯。我打算用熱泵。熱泵主要運用在冰箱，能夠讓熱能移動，冷卻或加熱兩者皆能做到，可用在冷暖氣上。而且不需要燃燒燃料，就像冰箱的馬達或線圈讓熱能移動罷了。

雖然現在仍不普及，不過效率非常良好，眼下價格或許稍微貴了點。但由於沒有用到燃料，因此不會排放二氧化碳。家裡也用到太陽能發電，因此幾乎所有電力都來自這裡，再加上使用熱泵，我認為這就是索爾的解決方案。

今後五年，電動車將爆發性的普及

電動汽車是性能相當優秀的汽車，很早就普及了，現況會逐漸取代汽油車。現在仍算少的供電站也會逐漸擴增。**五年內，幾乎所有新車都變成電動汽車。**

福特比起一般轎車，卡車的銷售更多，知名的T型車F－150小貨車是最普及的型號，而前幾天，發表了將販賣這種型號的電動車。

這種汽車增加的話，前往加油站的人就減少了。加一次油就得花個幾百美元可不是筆小費用。性能佳的電動汽車普及，包含供電站或家庭電力供應在內的所有設施都會逐漸被替換。

我本身擁有小台的電動汽車，是我過去擁有的車子中最棒的車子，效率佳，加速和車子性能都無可挑剔。購買這輛便宜的電動車後，我這三年內都沒有去過加油站。

因此我認為降低排碳量的技術可以飛快發展。問題在於石油價格仍然持續降低，不過太陽能、風力、核能發電也是依然在發展的科技，因此只要把這些科技打造得更完善，就是真正解決環境問題的方式。

擴增實境、虛擬實境技術大幅改變了教育

像 YouTube 這種影片媒體，能夠以形形色色的動態影片傳達訊息，因此很適合用在教育上。不過這依然在最初的階段，擴增實境眼鏡等智慧眼鏡一普及，就能夠運用在現實教室中教育，這樣更好。

另外，**影片、擴增實境和虛擬實境的組合，能夠成為非常強大的學習媒體**。只要想學習任何知識，有些人坐在隔壁，只要追著他們的手的動作即可。想學習化學的話，自己可以做一個分子的模型，在裡面來回走動，也能夠抓住模型讓它旋轉。而且，也能夠在眼前進行實驗呢。這才是用於學習的最強媒體吧？只要人人擁有智慧眼鏡的話，就能夠像 YouTube 般自

己製作內容，和人人分享自己擁有的知識或學到的事物，可建立線上學習套餐。這麼一來，學習慾望也能增加，任何人都會變得好學。

Google 的研究總監彼得．諾米格，史丹佛大學的教授賽巴斯丁．特龍等知名研究家授課的線上人工智慧講座中，從全球聚集了十萬人的聽眾，是備受注目的講座。而且只要使用自動翻譯的功能，即使用英語講課，其他母語的人也能夠參加，而且一起使用擴增實境或虛擬實境的話，就能夠進入那個世界中，獲得實際的體驗，是種非常實用的教育工具。普通的大學教育中也可以運用這種技術吧。

在美國，已經有人**運用擴增實境以減少種族歧視**了。用擴增實境改變外表，你變成黑人，我變成日本人等，將自己的外表整個轉變。在這種狀態下，體驗其他人有何種反應，不是透過講道理，而是能夠感覺彼此的看法。

許多公司也能將這種功能運用在研習上。甚至包含公司的教育訓練的話，教育市場將變得無比龐大吧。只要公司購買、使用微軟的智慧眼鏡「HoloLens 2」，就能夠帶來重大的影響呢。尤其是美國的公司研習是不可忽視的課題。我的妻子以前工作的企業，每週至少花四小時在研習上。研究內容有防止性別歧視，或安全暨法規遵守等形形色色的內容。運用虛擬實境或 HoloLens，就不只用看的，能夠親自體驗，因此能夠讓研習時間變得更快、變得更好、可迅速執行且效率極佳。

現實的大學不會消失

縱使線上的教育擁有廣大的可能性，也是年輕人一邊學習一邊共度時光，增廣見聞上社會性的意義。即使戴上智慧眼鏡上課，在現實校園中和同伴見面也是必要的。因此就算大學不會愈蓋愈多，也不會倒閉。雖然幾乎世上的人都在線上上課，即使來到大學也會上線，透過與其他人實際見面、討論，逐漸強化學習。

不只大學，高中也一樣，**課程是訂定某個計畫，讓學生一起學習那個課題的形式**。現在也大受歡迎的機器人計畫裡，每年學生製作機器人，讓他們彼此競爭。「把乒乓球丟到籃框裡」，每年設定目標，與其他學校的學生競爭。

實際上由大家做些東西學習，是物理、電腦科學或設計的領域吧。集合所有學生，進行計畫。一般認為這種學習法的成效很高。假如自己實際組模型的話，就會知道多麼辛苦，也會變得想學習這種機制的原理和所運用的方程式。這麼做會令人產生許多幹勁喲。

整理過後，未來教育的變化分為三種。首先，由使用者製作內容。用 YouTube 等平台上的影片，由想學習的人主動學習那個問題。接著用擴增實境或虛擬實境學習。一邊沉浸在虛擬世界中，一邊感受空間感的要素，讓運動感覺作用，讓與讀書相異的腦的部分活化。以對於腦部深層作用而形成經驗的意義而言，是更強效的學習法。第三種是計畫方式的學習。以小組做些什麼的方式，這也是非常有成效的學習法。這種學習法能夠在大學校園中執行，也能夠在虛擬世界中執行。

自動翻譯所改變的世界

當人工智慧訓練的自動翻譯到達同步口譯的水準的話，將會發生什麼事呢？首先，商務或旅行將整個耳目一新吧？你再也不用學習英文或練習會話，只要戴上耳機，就能夠在美國旅行，假如也能夠流暢對話的話，這不就是種革命性的發明嗎？任何人都能夠輕鬆嘗試更多挑戰了。另外，前往俄羅斯等語言不同的國家，說日語也能夠毫無窒礙溝通的話，也令人非常開心呢。

只要有個無論何時何地都能用的即時翻譯裝置，全球將出現更多旅行者吧？對世界而言是件好事。沒有任何事比得上走出自己的文化，接觸其他文化更值得了。

我認為政府為了推廣讓年輕人旅行，應該做資金援助或者成立支援的公司，甚至把**兩年份的旅行當作國民的義務**也無所謂。不問性別、身體有無障礙，任何人在高中畢業後，十八歲起兩年內的時光要用在這種活動上。這段期間可以服兵役，可以從事醫療援助，可以做教育活動，也可以作為和平活動的一環在海外從事支援活動。這些活動都由政府出錢。對美國而言沒有事情比這個更棒了，可以和形形色色的海外人口交流，啟發新的價值觀。

總之無論幾歲，旅行都會帶來精彩非凡的體驗，假如有了聲音翻譯裝置的話就非常方便。首先能夠超越民族隔閡促進交流。接著，新的世界性職場被開拓了，譬如說**英語不流暢的優秀印尼籍工程師能夠在不同地方工作的機會就產生了**。來自不同國家的人只要耳朵戴著自動翻譯機，變得以流暢的日語對話，在日本的公司也能順利就職喔。

由於自動翻譯，優秀的人才突然從全球聚集而來的話，對於世界經濟就有很大的助益。矽谷的人才不足，我女兒工作的舊金山的公司，甚至對介紹優秀人才的員工發一萬美元（約三十萬台幣）的獎金。

因為每間公司都和其他公司互相競爭，因此雇用員工變得非常困難。工程師、會計師、詳知某種法律、專辦智慧財產權的律師的話，轉眼間就會收到招募訊息。只要嘗試在世界中到處看看，就算完全不會說英語，也能夠遠端做好工作，這是件好事。

攜帶自動翻譯的硬體，在當地能夠與人對話，或者在虛擬實境中能夠親身經歷，人會互相幫忙，互相支持，這種想法會變得更堅定。

文明就是這樣不斷進步的。人類從一開始，就是人類的聯繫和彼此構築合作關係並一路發展。狩獵社會的時代中建立聚落，而更加發展後進入農業社會，接著形成都市。科學等學問也是，是基於這種合作和攜手而進步的。新科技就是在這種意義上，可增強人類彼此的共感，溝通也能夠更深入。接著人會透過這種經驗，成為更理想的人類。

第四章

亞洲的時代與科技地政學

亞洲的時代來臨

中國與印度成為左右世界趨勢的兩大玩家

我在第二章陳述了「人工智慧的時代」、「嵌入型電腦運算的時代」、「新生物學的時代」，而接下來的時代或許會被稱為**「亞洲的時代」**也說不定。

相對長期貧困的亞洲人成為中產階級，經濟成熟的期間確實到來，許多人變得非常富裕。我也經常目擊一種情況，就是最初造訪時住在茅草搭建小房子中的人，下次造訪時則住在公寓大廈內。

我一直在亞洲旅行，一路增廣見聞，擁有非常樂觀的看法。我最初前往亞洲的地點是香港與台灣，當時是一九七二年。而同一年也前往日本和韓國。我在那裡實際看見人從零開始奮鬥，一路成為世界首富的模樣。另外，我以前和現在也會定期造訪中國和印度，在當地度過許多時光，一直關注好幾億人實際上如何行動。

其實我看著亞洲這種樣子，感到一絲不安。現代美國，自己國家政府是例外的存在，擁有擔任特別職責的超級力量，身為世界警察持續擔任領頭羊……我感到這種想法逐漸變得不通用了。這也是川普總統站出來的原因。亞洲會一直繁榮下去，而美國站在領導位置的時代落幕，人們卻無法認知這種情況，情感上有所抗拒。

我一路看著中國、印度、韓國、越南，這種轉變仍在發生，客觀認為，這些國家的下一代不僅完全近代化，在許多地方可以超越美國和歐洲已經達成的成就。我定期造訪中國和印度的原因之一，就是想親眼見證接下來將發生什麼事。

請思考看看。中國與印度的人口加起來約二十八億人，光這兩個國家就占超過世界人口的三分之一。這些人數約為美國總人口的十倍，光數字上，中國與印度對世界的影響力就高於美國。他們如何處理能源問題、公害、二氧化碳排放量、地球暖化、氣候變遷等問題，對世界造成的影響遠比美國更為重大。

接著，在不久的將來，他們也會在文化層面上脫胎換骨。他們將創造出世界上的人都想購買、模仿的，與現在截然不同的音樂和電影。

東亞比起個人主義，擁有重視社會契約的文化

我再稍微談一下我和亞洲的關係吧。我念大學一年後就輟學，以攝影師的身分造訪了亞洲。不過那並非為了受人雇用或者賺錢。我有自己的目標，告訴自己要貫徹到底。接著，我每天都在拍攝各地的祭典或者形形色色的風景。

雖然我像個專家在工作，不過當時幾乎沒有收入。我也不是去玩耍、游泳之類的，每天都只是外出，成天在攝影。現在也會出差前往亞洲，這種時候會安排只做攝影的日子。

在亞洲各國共通，與西歐國家最重要的差異，就是對於隱私的看法。在美國，公私領域劃分得清清楚楚，不過在亞洲，尤其在東亞的界線模糊不清，其他人未經許可可進入房屋的前院，也不能驅趕。

而且他們工作時也會在戶外進行呢。敞開家門做事，把事情帶到通道上做，在家中料理或工作的模樣都被看得一清二楚，這就是他們的生活樣貌。

對我這種外人的訪客，這樣剛剛好。我經常想拍攝農家，進去了好幾次。我不用敲門或者取得拍照的許可，可以直接在那個地方度過一整天。

亞洲文化和其他文化的差異之處，就是個人主義與社會之間的關係。尤其在東亞文化中，比起個人主義，更重視社會層面的制約。我當時可以認為這是理所當然的。日本這種傾向格外強烈，群體中的共識極端強烈作用，人人皆極為意識自己居住的社會動向而行動。美國人在這方面，不會被社會結構束縛，有「因為自己想做才行動」這種自我中心的傾向。

譬如說，有個想學數學的年輕人，老家卻希望他繼承店鋪，這種故事不論在哪個國家都很常聽見呢。這種情況，美國的話無論家人怎麼說服，那個人會走上那條路，並找尋其他種支持家人的方法。不過在亞洲，支持家人和社群才是重點，我想許多人都會因此扭曲自己的意志。

創造下一種 iPhone 的是中國企業

未來如美國所害怕一般，中國企業在經濟層面拿下勝利的時代會來臨嗎？我並不確信一定會這麼發展，不過這種可能性十分充足。假如我寫了好幾個劇本，其中也有一種中國的巨大企業支配世界的劇情吧。原因在於，有人在推動國家。中國政府與企業的聯繫非常強大，在國內已經是巨大無比的市場了，因此這種態勢會走出世界吧？他們原本就很擅長做生意。

不過也有同等不會變成這樣的議論。由於與政府有關係因此避開競爭，或者對於有異議的人審查等問題，所有權的問題也是不透明的狀態。只要看近年中國企業華為被美國封殺的問題就曉得了，華為原本有成為世界頂尖企業的可能性，與政府之間的關係卻出現問題，通往世界頂尖的道路因而被封鎖了。

現在中國政府限制人民連到國外網站而設的防火長城，雖然幫助他們成長，以長期觀點而言，與全球的企業全面競爭時，這個防火牆會扯後腿吧。當防火長城失去保護力時，他們能否和全球競爭，也令人懷疑。

不過華為的事態應該能充分預測。中國對於他們打造的品牌力，應待理解信任是不可或缺的。說到購買汽車時，首先得信任那台汽車的安全性才行。

再加上以後汽車會和頻寬更大的網路和許多事物相連結。此時使用者會把自己的資料交給中國政府妥善處理，品質不受保證也很傷腦筋。雖然中國的力量尚未拓展到全球，莫非

（能力方面）其實能夠做到，卻因為與中央政府間的聯繫太緊密而無法實現也說不定。

話雖如此，**我預測在十年內中國會推出相當於 iPhone，包含歐美人在內的全世界的人都想買的中國產品**。我不曉得那會是智慧眼鏡或者電動車，不過是中國人設計、製造的品牌。譬如說某間中國企業開發出任何人都想到的，高品質且便宜的智慧眼鏡，支配了擴增實境或資料的話，或許就能成為蘋果這種全球級的企業。

深圳的能量泉源

在中國，有著類似美國矽谷的場所，叫做深圳。這裡有許多間新創公司，能量的源頭來自於移民的力量。美國的情況也是，市場朝氣蓬勃是多虧了許多移民，在這兩、三世紀中，野心勃勃的人遠渡重洋而來，包含我在內，大家都是這種近代移民的子孫。譬如義大利人與印度人待在一起，新的點子和主意混合為一，形成混合的文化，接著興盛了。這才是過去兩世紀內成長的美國力量。

雖然人類似乎不太在意，不過中國現在正發生與這個現象同樣的情況，當地充滿了移民的能量。不是來自於國外，而是**國內的移民**。中國是個大國，地域廣大，分成許多部分，有好幾百種語言。雲南省的山內說的語言和上海完全不同，和廣東省、廣州、北方的哈爾濱也截然不同。只有書寫的文字一樣，不過到了不同地區，語言就不會通。

而現在他們都在同一個都市內一起生活。有個人從甘肅省的村子買了單程票進城，與來自雲南省的某個人在隔壁一起工作。他們是國內的移民，就像來自於不同國家似的聚在一起工作，融合後，整體變得興盛。有一千兩百萬人住在深圳，是如紐約的大都市，不過幾乎沒有深圳出身的人，當地少見二十年以前的東西，是個閃閃發亮的嶄新都市。

財富泉源在於與他人迥異的部分

關於日本的情況又如何呢？最重要的地方，就是**日本在許多層面上與其他國家相異**。要說為什麼，因為新經濟所支配的世界中，所有革新和富裕的泉源與其他地方並不相同。必須與其他人擁有不同的思維和主意才行。而**日本人迥異的思維正是力量**。

說到日本和其他國家哪裡不同，首先可提到他們擁有的哲學，是不會動的事物中也擁有生命，除了岩石和土木，甚至機械中也擁有靈魂，具有這類獨特感性的地方。拜此所賜，日本對於機器人的見解也與其他國家不同。這種與世界中其他國家不同的科技觀，是非常強大的文化力。

雖然我不曾在日本工作過，不過我想基於日本共識的勞動方法也與其他國家不同。雖然這種做法有時候綁手綁腳，有時也會帶來極大助益。

我的朋友史都華・布蘭德成立了以思考長遠問題為宗旨的「長遠當代基金會」，建設了刻有一萬年時刻的時鐘。高度約一百五十公尺，建於山中，在一萬年間會自動運行。每天中午，時鐘會傳出不同旋律的鐘聲。

這一萬年間的問題，便是必須妥善維修這座時鐘不可。每當我造訪日本時，搭電車眺望通過的農村和都市風景，總找尋屋頂的瓦片等處是否破損，然而至今為止我未曾發現有缺損的部分。我不曉得該前往世界中的哪個國家，才找得到日本這般維修無可挑剔的國家。因此我提議把這座時鐘的維修交給日本處理。畢竟說到這種工程，日本人做得比起世界上任何人都好。

日本人的維修令人驚艷，譬如說伊勢神宮每二十年就會重建一次（遷宮）。這才是長期的維護。另外，世界上歷史最悠久的公司也在日本。釀酒廠和旅館亦然，也有些場所的歷史長達千年左右。因此表示他們善於長期的維修呢。

況且，日本從以前就非常擅長小型化的技術。那是為了配合小空間而思考將物品變小的思維。在現代世界中，這種思維能夠應用在有效利用空間方面。是處理更少量的發想呢。

現在世界上發生的「同化與分化」

我在全世界旅行後得知的是，工業化時代以前的國家和地區隔絕而誕生的非常多樣性的文化，來到現代因全球化而被統合，在某個階層中，人類的文化逐漸同化。話說回來由於這種同化，在其他階層反而引起分化加速的現象。

廣為人知的需求層次理論，即馬斯洛人類欲望的階層（自我實現理論）提到，最基本的階層是生存所需的生理需求。從這裡往上的階層是安全需求、社會需求，人類渴求興趣和工作。而人類這種基本需求獲得滿足後，一到達這種階層的最上層，就會開始思考自己是何者，為何存在於此，達到了某種自我覺醒和自我實現的階段。

在最基本的需求階層中，我們便以地球規模同化了。任何人都想要冷氣、自來水、Wi-Fi，這點在世界各處都一樣。接著，只要上學，就能學習同一種科目。在非常多的場所，尤其是人口集中的都市內，許多人會觀賞同一部電影，享用類似的餐點。

不過實際上，藉由這種需求階層的最下層發生的同化，我們為了理解自己為何生於此處，這擁有何種意義，結果到底想做什麼，而促進了多樣化。生活方式的層級中引起同化，另一方面**人們對於身分認同的思考的多樣性會逐漸增加，引發分化**。也就是說，文化層面上生存的基本層級引起同化，在解釋這些意義上則引起了分化。

都市將愈來愈興盛

大都市的周圍布滿機械化農場的未來

在已全球化的世界中，經濟也全球化，不同文化的國家聚在一起，摸索自己國家的職責，尋找比其他國家更優越之處。這種地方，在日後世界中人口做全球規模移動的時代中，會是個不容忽視的問題。「就算不會說日語，由於我們這裡要什麼有什麼，因此請來到此地看看」，像這樣推薦東京魅力的時代來臨了。

不過很遺憾地，將來經過一百年後，日本就會分為東京和其他人口外移的地方了。我最近和妻子前往四國巡禮*，不過當地年輕人都前往都會了，因此村子裡幾乎無人居住，由於景色單調的緣故嗎，在公車站還擺設了人體模特兒。中國也是同樣的狀況，在某個村莊，只有老人和小嬰兒孫子一起生活。其他人都前往深圳或北京了。日後經過一百年，這種村莊就會被廢棄了吧。不僅日本，在全世界的都市愈來愈繁榮興盛，另一方面地方小鎮則人口外流，逐漸變得無人居住。

將來人口都遷入大都市，其他地區則為了生產糧食而夷成平地，其他地方則維持自然的風景吧。給人的印象就像是，**都市生活非常有效率，而郊外的自然中的農園，則是機器人在此工作。**

在這個世紀中，強化某種產業的都市群即將出現

長期來看，如現在深圳所發生的，強化某種產業的都市群將興盛起來吧。就像是深圳不做軟體，而是強化製造業；矽谷則是集約了開發軟體的公司。這整個都市體系將成為商業生態系統。

＊指前往日本四國八十八處與弘法大師有淵源的場所巡禮。

譬如說，波士頓成為機器人開發的重心城市，機器人相關的新創公司聚集在此地。想創立機器人關聯公司的話，只要前往波士頓即可。想創業家電相關公司的話，前往深圳即可。現在南加州形成了電影新創企業的聚集地。因此想成為電影導演或演員的話，雖然前往印度寶萊塢也行，不過在好萊塢發展將更為有利。

本世紀中，將形成以各產業為重心的都市，想進入那個領域的話就要前往那個都市。而說到設計就想到阿姆斯特丹，全世界的設計師都想前往這個城市吧。我不曉得東京會成為什麼產業的中心，會是機器人產業嗎？

巨型都市（megacity）的集合群將出現，彼此交流才能和資金。所謂巨型都市群（megacity clusters），指人口超過數千萬的都市。那是比個別的都市還廣大的地區。東京，舊金山灣區，廣州，深圳，香港，墨西哥城等處，還有波士頓，華盛頓，紐約聚集，形成一個都市般的功能。

進入都市互相搶奪人才的時代

我以前曾經引用過**「就處理小問題而言，國家太巨大了，但處理大問題又顯得太微小了」**＊。我認為不是由國家，由都市取回主導權，才能實現更美好的世界。我想看見的情景是，比起國家和民族國家更有力的都市蓬勃發展，世界各地建立巨大都市祭出成果，同時全球逐漸形成這種都市聯合的網絡。現在幾乎所有革新都是從都市興起，財富集中，好玩的事全都在都市發生。

將來都市會逐漸發展，都市人口將一口氣增加。**目前都市人口比例已經超過全世界人口約百分之五十，日後將成長至將近百分之七十五**。接下來，必須制定配合這種現狀的政策。

在這種趨勢持續發展的遙遠未來，對於人口遷徙，人權將獲得更國際性的保障，只要遵守當地法律或稅制，基本上任何人都能夠居住在地球上的任何都市也說不定。沒有人能夠阻止居住的話，都市間將彼此競爭居住魅力吧。

＊引用自社會學家 Daniel Bell。

到了二〇七〇年，全球人口開始減少，這種趨勢每年都會持續下去。因此，都市將開始競爭，確保人口留下吧。接著在那之後遙遠的未來——或許只是我的夢想——**都市比起國家擁有更多權力的時代來臨**。這就和現在加州領先美國政策是同樣的現象。

就拿加州汽車碳排放量的規範當作例子吧。加州比其他地區的環境標準更嚴格。由於加州土地也非常廣大，想必製造商也不想製造得符合多種規範的汽車。結果美國全體的統一規範，學習了加州的政策。

這種事例也能套在其他方面，假如某座都市建立比同一個國家其他地區更嚴格的環境標準的話，其他地區也得尾隨跟上才行吧。歐洲成立比世界上其他地區更嚴格的個人隱私保護法的話，其他國家也得追隨才行，這是一樣的。因此我認為都市將擁有這種領頭羊的能力。

第五章

傾聽科技就能夠了解未來

何謂傾聽科技聲音的方法

我在本書開頭曾經說過，「我平時留意的，就是傾聽科技，把科技當成生物般看待，詢問『科技想要什麼？』」。

那麼，為了知道科技想要什麼，我們該怎麼做才好呢？我認為科技走在和人類無關的自我道路上。因此，為了確認科技的狀況，就要觀察在非官方場合會被如何使用。發明家可以預測自己發明的東西如何被使用，不過在大部分的情況下，這種預測會落空。科技本身分明有著更中意某種現象的趨勢，而發明家都不清楚這一點。人類開始用這種科技後，透過與原意不同的用法，第一次了解這種科技的本質。

此時我所關注的，是**科技被年輕人或罪犯在鎮上濫用的情況**。這麼一來，就能夠感受到那種科技朝著何處發展，自然而然的動向。譬如說網路，官方曾說過，當初原本是開發來用在圖書館的搜尋或研究方面，不過實際上幾乎所有人都拿來搜尋遊戲或色情方面的資料。

觀察這種最底層的用法，就能夠掌握整體的趨勢呢。也就是說，觀察與發明家的原意不同用法的場面，就能夠多少看出端倪，知**道科技本身自然的方向性**。

遊戲規則變化的時代

現代是追求變化的時代。在變化最初的階段，是為社會帶來變化的機制的遊戲本身轉變，到了下個階段，則是遊戲規則轉變……也就是說，**變化是連鎖的現象**。以前，我曾研究過科學性方法的進化。雖然我們認為所謂科學性方法只有一種，不過有許多要素合而為一，一直持續進化。所謂科學，是「知道什麼、了解事物的方法」。人類採用這種方法後，進步速度變快，壽命延長，事物的安全性提升了。

科學性方法持續進化，表示遊戲規則本身也改變。那是讓學習方法和理解事物的做法產生變化。現在，YouTube 這種工具，使得擴散的速度提升，變得能夠更快共同學習。接著假新聞出現，而這又是另一種了解事物的方法。這才是變化的性質，變化的規則本身也漸漸改變。學習速度能夠提升的話，就能改變知識的擴大本身的性質，這才是進步。

維基百科和 YouTube 等工具面對假新聞的方法，是逐漸成為可以分辨正確資訊與假資訊的工具，為變化發生本身帶來變化。當我們一想到某種變化正在進行，卻突然又以另一種形式，發生了別種變化，讓變化加速，意即**我們身處於讓引起變化的形式本身產生變化的時代**。

「學習學的方法」技能是必要的

就像這樣，全球化和科技的進步逐漸加快，在愈來愈難以意料的世界，從小學到高中的十二年義務教育中，必須擁有「學習學的方法」這種通用的技能。而在**高中畢業的階段，必須學會最適合自己的學習方法**。

我們任何人都以不太一樣的方式學習。在反覆念書的期間，有人需要充分睡眠，有人適合動手做，有人邊聽邊學，也有人實際行動後學得更好。在學會為止，有人重複做五次同樣的事，也有人做四次就好。不過，首先要訓練迅速讓自己學習的形式變得最適合，必須意識、理解如何做才能最快速、深度地學習。

「學習如何學習」這種究極的技能，直到大學畢業後就職前，都不會遇見任何人教導你。譬如說，思考接下來學習哪一種程式語言時，現在主流的，五年後或許就消失了。你真正想做的工作，現在或許還不存在。

這種容易發生變化的世界中，在一生中，必須改變好幾次事物的做法才行。暫且忘記以前做的事，必須不斷重新學習新方法。透過自己最擅長的方法，擁有適應後學習的能力，是最為重要的技能，原因就在這裡。

現在，沒有能學習這種事情的學校或課程，那種技能是未知的。話雖如此，我的意思並非在學校念書沒有用處，正好相反。為了比更多人將「學習學的方法」的技能銘記於心，必須大量投資自己，勤勉不倦，也必須與形形色色的人建立交情。

要學習學的方法，首先必須學習個別領域，藉此將獲得新知識的讀書方法銘記於心。在鑽研某種領域時，也變得不需要特地學習如微積分或統計等相關知識，有時候也會自然而然學會。

因此**學校的教育並非只教專業學科，盡可能以廣泛的領域當作對象，應該教育出通才**。從幼稚園到高中，甚至大學教育，應該盡可能施展廣範圍的教育。可以加強有興趣的領域，不過整體而言必須擁有廣泛的視野。

大學一般教養的科目就非常有用吧。只要加上其他專業領域、專長和個人興趣即可。但只要擁有身為通才的一般廣泛領域的思考，再加上一點契機，就能夠接納不在預期中的事物，能夠**將平時無關的兩種領域依自己的風格結合**。

幾乎所有成功人士，都走在迂迴的道路上。雖然我們總認為這種類型的人一出生後就知道未來的方向，會立刻筆直前進，但沒有人是直線前進的。行走時繞遠路，歷經無關的體驗，能夠結合以前未曾有人思考過的兩者，結果便創造出具有價值的東西。就好像嘗試接觸沒興趣事物的經驗，有助於將來產生非常強而有力的連結。

雖然我這麼說，不過我本身也還沒到達這種境界，只能說我還在邊摸索邊學習。不過我認為藉由不斷這麼追求，便能夠發現與自己職涯完全不同的地方。就算對自己的職涯不一定加分，如果是感興趣的專案的話，就往前走參一腳。此時就不得不採用設計思考般的接近法，一直在學習。明明沒寫過書，卻簽下了寫出的契約。明明沒拍過影片，卻做了影片集。也開始未曾接觸過的 Podcast。由於一路挑戰新的專案，因此隨時隨地都處於學習新事物的狀態。

結果而言，創造未來的是樂觀主義者

科技百分之五十一是好的一面，百分之四十九是不好的一面

我說過，自己完全站在科技的角度看著世界。科技有好的一面和不好的一面，是把雙面刃。無論何種科技，都會引起與解決的問題同樣數量、令人困擾的問題。在這種情況下，發生的問題都是沒見過的，也有未知而令人害怕的狀況，現實中也會引起這種事態。

接著，來稍微談一下我自己判斷好科技的基準吧。譬如說，原子彈就是沒有人希望出現的科技呢。應該說，原子彈會奪走人命，將一個人的可能性和選擇的自由都排除在外。原子彈這類武器的主要目的是「排除選項」。

不過只要把這種技術運用在核能發電上的話，就能為許多人帶來可能性和嶄新的選項

了。只要有電力，晚上也能工作，電燈能夠讓有亮光的時間變長。這樣能夠成為新的力量。對原本手工製作的所有物品使用電力的話，就能夠自動化生產。透過這一點，好幾百萬人擁有創意的可能性也會增加。

就像這樣，兩者基本上都同樣運用了核能，卻成為完全相反的科技呢。**同樣科學性的思考但是不同的科技，其中一方可拓展可能性，另一方面則減少了**。或許舉核能的例子有點極端，不過也能夠想像許多其他種例子吧。

譬如人工智慧，可說擁有極大的可能性。說到為什麼，因為我們能夠輕易想像，人工智慧會帶來各式各樣嶄新的可能性，或者由於反對人工智慧因而產生各種問題。再加上，那個問題其實同時也是新的可能性，整體而言為我們帶來更多的可能性。

我們使用人工智慧做的事情，基本上是一股腦地擴張。藉此，新的工作、點子和產業誕生，而從這裡又延伸好幾百萬種新的職務、點子和工作。而這正是日後五十年拓展巨大可能性的科技模樣。

其他還有像是馬斯克挖掘隧道打造的超級高鐵科技，而列車縱使能在隧道內高速行駛，也不會如人工智慧增加人類的可能性。超級高鐵是一次性的科技（影響效果低的科技），不過人工智慧是種將二次性或者三次性的可能性逐漸延伸的科技。也就是說，**人工智慧擁有讓形形色色的事物變化的影響力**。

基因工學也是非常擴展可能性的一種例子。伊波拉出血熱的疫苗是偉大的發明，能夠救助人命，不過卻不及基因編輯技術的 CRISPR-Cas9。只要用上這種科技，其他科技就變得可能，那種科技甚至讓鼠算數＊的可能性變廣大。也就是說看著科技時，我的判斷基準，在於是否能夠以乘法增加可能性的層面。

科技不只是中立的，引起的問題與解決的比例看起來各占一半，實際上並非如此。我認為科技有百分之五十一好的一面，和百分之四十九壞的一面。其中的差異是百分之一還是百分之二並非問題所在。只不過隨著時間流逝，這個百分之一展現巨大的差距後，才會第一次了解這種差異。因此所謂進步，現在雖然無法清楚看見，不過等回顧歷史後，就能第一次看見。

思考「進托邦」吧

我是非常樂觀的人，自己創刊的雜誌《連線》也一樣，無論世界怎麼說，我都會貫徹樂觀主義，那幾乎接近信仰和信念。實際上，就像看見裝了半杯水的杯子，思考「已經有半杯水」或「只有半杯水」的不同吧。

「已經有半杯水了」藉由這種思維的發想，我們能夠將未來變得更好。首先，能夠想像自己生活的未來，就能夠更輕易實現。雖然不過是在思考講未來比今天變得更好的可能性，不過首先得以想像那種樣子，才能夠更輕鬆實現。也可說是一種**自發性的想像力**吧。

話雖如此，那種未來並非是指所謂的「烏托邦」。我會用**「進托邦（protopia）」**形容。不是想像所有一切完美的世界，而是想像比今天稍微好一點的狀態。這是從 progress（進步）的「pro」加上 topia（場所）的造語。

＊日本傳統數學，計算「在一定時間裡，老鼠的數量增加多少」的問題。

歷史告訴我們「世界變得更好了」

我之所以保持樂觀，是從歷史學來的。當我嘗試回顧這兩百年左右的歷史的進步，進步是階段性引起的，每年的變化很微小，而長壽、安全性的提升、暴力的減少等是慢慢進展的。**過去兩百年歷史上的改善和進步，是每年一點一滴增加的累積而發生的**。

平均而言，每年約百分之一的微小增加量，也就是往好的方向的進步在過去兩百年間持續發生，我認為這種現象不會突然止住。當然這不是絕對性的，不過從過去看見的種種事物中思考，讓人認為隔年也會發生同樣的現象吧？我們應該妥善理解這種進步實際的型態。

而只要這種百分之一的進步一直持續的話，日後二十年到二十五年內，我們會往哪個方向前進？會得到什麼？這樣是好的現象嗎？這些就是問題了。透過每年稍微進步一點的累積，描繪二十年後變得更好的藍圖，往那裡前進。

不過，我想也有許多人認為「世界上每一年都變得更差」。要說到為什麼，是因為細節的進步是肉眼看不太出來的。僅僅百分之一的差異，在短期內幾乎看不出來。相對的，假如出現百分之四十九不好的部分，由於接近整體現象的一半，因此容易看見。

況且，新聞和網路比起好新聞，只會報導負面的新聞。今天沒發生的事情也不會報導。哈佛大學的心理學教授史蒂芬・平克也說過，好的地方是「今天沒有任何不好的事情」。譬如說，今天你沒有遭遇強盜，路上也沒有遇到橋梁崩塌。不過這種說法不會上新聞，唯一會成為新聞的，只有例外的、與平時不一樣的事件。因此新聞只會報導最惡劣的事情，並沒有好好反映了現實。

這就像是**用複利計算利息**。假設每年進步的程度是增加百分之一，不對，由於每天都在變化，因此想到每一天，這種現象也持續了好幾代，請試著思考經過一百年後會變得怎麼樣。這正是文明走的道路。

譬如說看著現在的東京，摩天大樓櫛比鱗次吧，而這是好幾百年持續這種百分之一成長的佐證。這段期間文明進步，醫療保障也變發達了。

為了打造更美好的未來

我雖然這麼說，不過對於科技有著悲觀想法，或者覺得科技很可怕的想法，某個意義而言是正確的。應該說，透過新科技，過去我們未曾直接面對的新問題冒出來了。科技變得愈來愈強大的話，就有可能被強力地濫用、誤用。因此。這種恐懼的反應是正確的。

說到我們現在所面臨的問題，在許多情況，是過去人類所發明的科技引起的。二十年後引起最重大的問題的，恐怕是現在被發明而出，或者被持續使用的科技。

那麼，為什麼關於這一點我能夠保持樂觀呢？那是因為，科技引起的問題的解決方案，絕對不是「減少科技」。我認為解決方案是「做出更多、更好的科技」。

在本章結束前，我想再舉一個例子。譬如說，某個人發表了很愚蠢的主意。針對這個情況，聰明的反應並非說出「你別再思考了」，也不是「想一個更好的主意」。因此，當愚蠢，或者說有害的科技出現時，應對方式並不是「減少、停止使用科技」。不是這麼做，而是想出更多更好的科技，或者提出更好的想法、創造思考方法的態度，才是我認為應有的姿態。

樂觀論擁有重新將事物變得肉眼可見的效果，就像在電影業中所做的一樣，能夠將自己所希冀的事物化為眼前可看見的形式，這是可行的。接著，悲觀論和批評也是不可或缺的。如果用開車比喻，在道路上前進，作為樂觀論的引擎是必要的，不過悲觀論就像轉彎或停止時踩剎車，沒有了這些也無法開車。然而結果而言，引擎終究會勝過剎車。

專欄

從近代阿米希人的生活中學習

我想稍微聊一下，我所體驗的阿米希人的生活。我最先開車橫越美國時，第一次遇見阿米希人。在那之後也經過幾十年，我與正在寫書而做田野調查的阿米希人相關人士有了交情，他介紹、引領我認識了阿米希人。我結交了朋友，幾度短期拜訪，住在對方家中，也訪問了對方。

我也閱讀許多介紹阿米希人的書籍，也參加了阿米希人談論科技的會議。如我先前所述，阿米希人是排斥新流行科技的族群，建立了過著前現代生活的社群。

一般認為他們過著非常簡樸的生活，但完全不是這樣。首先雖然他們統稱為阿米希人，不過分為許多個族群，有著形形色色的人。他們分成各種教區和社區，每個地方關於社區的規範也不太一樣，因此無法一概而論。簡單來說，阿米希人是最慢一批接納科技的人。每個人接受的時間各有差異，一般而言社會上開始流行某種科技的五十年後，阿米希人開始接納了，是他們的現況。

現在依舊有阿米希人沒有用電力和汽油引擎，倚靠馬匹移動，還會做手工藝。就算用電力的人，也有人只用太陽能。雖然其中也有人開車，不過車子都是黑色的。

雖然也有人完全不用電力，不過用柴油引擎。也有人用汽油式的收穫機，讓馬匹拖曳。雖然機械本身是汽油式的，不過移動交由馬匹拖曳。

雖然許多美國人認為阿米希人在家只吃有機食材，但完全不是這樣。阿米希人一般常吃用麥片和砂糖做的食品或加工食品，也吃洋芋片。就和一般美國家庭完全一樣。

話雖如此，阿米希人中也有人用太陽能電池形式的手機。就算在我們之中，也有人晾衣服時完全不用烘乾機，只掛在室外，或者不聽ＣＤ，只聽黑膠唱片的人，也有人不搭飛機。其他還有人雖然會上網，但沒有臉書，有形形色色的例子。

「家人」與「社群」為基準的生活

阿米希人和我們的不同之處在於，是否使用科技的判斷並非由個人，而是由集團表決。他們所有人一起決定。而決定的基準分為兩種。

我們通常決定是否將科技引入生活時，都是按照喜好與否，或者是否符合自己需求而決定。不過他們的想法是，為了和家人一起用三餐，可讓時間變多的科技是否合適。也就是能夠在自己的家或後院幫忙工作的科技，才是重要的考量。他們都從事農業或製造業。這麼一來，和家人一起度過的時間能夠變多，到附近學校上學的孩子也能夠回家吃午餐。

而第二個基準，就是那個科技的消耗與時間，是否只限於自己的社區內。

沒有汽車，只騎馬和搭馬車的人，可移動的最長距離為來回十五英里，因此所有事情都得在這個範圍中處理。購物和前往醫院，全都在這個範圍內可行的地區社會。

如果有一台車，就會不禁想前往更遠的地方，因此不需要。想要電話，就會產生前往遠處辦事的可能，因此不需要。這就是他們和我們的不同之處，社區是基本考量，基準有兩個。

許多阿米希人是大家族。譬如有八個孩子，總是一起用餐，是關係非常緊密的社區。他們也沒有保險。因此假如發生火災把房子燒毀了，社區就會為了那個人蓋房子。假如有人生病了，大家就合力幫忙出醫藥費。畢竟沒有保險呢。他們彼此關係緊密，為人友善。不過令人困擾的是，他們也被禁止做許多事，不能聽音樂，也不能讀書。家中都沒有放置書本。上學只學到八年級（相當於日本的中學二年級），學會讀寫後就結束了。因此沒有人成為醫師這類專家，凡事都依靠外面的醫師、律師和科學家。男人能夠選擇的職業有兩種，當農夫或木工等建築業，而女人只能嫁人當母親。

引入擴增實境或智慧眼鏡時，要這樣思考

他們選擇科技的方法，也有我們能當作參考的地方。譬如說，請思考看看，下一代擴增實境或智慧眼鏡推出時，依據何種基準選擇。那個物品對自己想達成的事物會派上用場嗎？會讓家人變得更好嗎？會讓自己的社區變得更好嗎？能提升自己嗎？嘗試像阿米希人那樣思考看看吧。

我有很長一段時間沒用智慧型手機，也沒有推特。也曾有段時期沒有筆記型電腦。不過現在我有筆電、智慧型手機，也在用推特。不過用手機時，由於無法好好操控社群媒體，因此不會用，只拿來打電話和上 Google 搜尋。不過我有在用 Alexa。

不過我家裡還沒放置虛擬實境或擴增實境相關的器材。由於功能還不完善，以後我也想多方面嘗試。手機也不是最新的，而是兩代以前的機種，我還沒升級。

因此，我事前會充分思考使用新產品怎麼樣，日常生活只用最基本的東西。雖然我總是嘗試使用形形色色的物品，其中真正會用的，只有經過嚴格挑選的東西，大多東西我都不會用。

第六章

革新與成功的矛盾

與偉大創業家的談話中獲得的結論

傳說中的雜誌《連線》創刊以前

我曾在第四章說過，我念了一年大學就輟學，先去了香港，接著前往台灣，然後在日本從鹿兒島搭貨船前往大阪。接下來去了韓國，又回到日本。這場一九七二年的旅程中，我先回國工作了一陣子後，再次啟程前往印度、尼泊爾、阿富汗、伊朗、葉門和耶路撒冷等地，然後回國。不過，我實在待不住，便騎腳踏車四處拜訪國內各地的親戚家，也搭便車旅行過。當時有人說想在紐約州北部蓋房子，因此我也過去幫忙。那是我第一次蓋房子，友人細心教導了我。首先整地，從地基開始做起，接著蓋房子，由於那是棟很大的房子，因此我學到不少事情。

之後我回到大學，開始幫雜誌寫文章的工作。當我認真思考是否成為科學家時，有個友人是研究員，便前往喬治亞州的研究所。他是微生物學的教授，在那裡工作了兩年左右，不過察覺自己不適合走科學的路。我在這段期間也開始經商，同時繼續寫作的工作，也用了研究所的電腦，我就在那裡遇見了網際網路。

之後我前往加州，為雜誌《全球概覽》工作。我在那裡參與了自己唯一知道、初期的線上實驗，認為這件事非同小可，所以寫了這個世界的事情。簡單來說就是這種經歷。

我在《全球概覽》，最初做的是舉辦「駭客年會」。而在同一年，線上系統「The Well」也開始營運了，那是第一個一般人可用網際網路搜尋的系統。當時能夠用網路的人，只有在大學擁有「edu」網域的電子郵件帳號的人，或者在科技業相關公司工作的人，除此以外的人都不能夠使用網路。不過只要加入「The Well」，就能夠用網路。月費八美元（約台幣兩百四十元），也能和網際網路上其他加入的人交流。

同一時期，我也發行了其他雜誌。其中之一是《訊號》，我在這本雜誌也處理了許多科技的話題，不過我覺得沒有助於雜誌《連線》成立。

在那之後，我簽下第一本著作《釋控》的契約，在《全球概覽》拿到研究休假，待在自家中狹窄又會漏雨的小屋中持續打字，花了五、六年完成這本書。

完成這本書時，來自阿姆斯特丹的路易斯．羅傑特和珍．梅特卡夫為了推出新雜誌《連線》想找編輯，所以跑來找我。一九九三年一月推出創刊號，自《訊號》後經過四年多，我幫忙成立《連線》雜誌。而創刊號中，也提到書籍《釋控》中出現的取材和訪談的人物，也刊登了「The Well」的報導。這就是我參與《連線》創刊號之前，所經歷的故事。

愈成功愈無法找出人生意義的矛盾

我透過《連線》取材，在矽谷和許許多多成功的創業家聊過。結論是，我覺得人愈成功，愈無法找出自己生存的意義。

那些人為了守護成功，就會不禁脫離現實呢。一九七〇年代，我在印度旅行時，曾遇見年長的旅客，他們有錢、有導遊陪伴、搭巴士移動。我自由自在度過旅行中的時光，不過參加旅行團的人，下一個行程都排好了，因此沒什麼時間觀光，羨慕地看著我。有錢人為了輕易取得經驗和節省時間而出錢購買，不過這麼做卻會讓自己遠離現實。然而我因為沒錢，獲得這種經驗唯一的方法，只得拿出創意下功夫，運用革新的方法。既然沒有錢買東西，就只能夠用別種方法達成目的了。

當一個人成功了，就會變得難以脫離現狀。雖然多少可勉強自己從現狀中成長一點，不過轉移到別的地方是非常困難的。因為移動到那裡，攸關生死。又會變窮、成為初學者、落人一截，而且無法賺錢。愈成功的人，就愈追求完美。更成功的話，只會更想提升其完成度而已。那些人會不禁修改已完成的事物，以變得更完美。

不過想提升水準，首先得下降才行。要到達下一個水準，首先得往下走到谷底，然後攀登。不過那些人卻做不到。像這樣往下走，對於成功者而言就像否定成功一樣，因此他們做不到。

我曾見過比爾·蓋茲和傑夫·貝佐斯，他們是最頂尖的成功人士，不符合這種例子。他們非常了解自己，因此依然保持成功。**比爾·蓋茲**從賺錢的人生轉身至捐款的方向，那是由於他能看清自己和周遭的情況。雖然他在業界頂端時就辭職了，這是非常困難的決斷，他可說是例外吧。

賈伯斯也是，他活著時非常擅長惹人厭，走到哪就被嫌棄到哪。許多人都不喜歡賈伯斯，他這個人傲慢又魯莽，不過能推動事物進行，不把危險當一回事，永不放棄，貫徹到底，不被成功束縛。因此，雖然他無法成為好人，不過能夠一直成功。他在自己一手打造蘋果，由於被身邊的人排斥而被趕了出去，不過之後又回到蘋果了。

我提出的這些想像，是不怎麼知名的富豪，成為總裁獲得成功，經營航空公司之類的那種人。我不會說那是誰，不過那種人一般人眼中成就非凡，是被自己的人生和成功緊緊束縛住，就像是舊金山的不動產王那樣擁有好幾棟摩天大樓的成功人士。

我不打算批評他們。不過他們無法捨棄成功，從事完全不同的事情。要真正了解自己，必須體驗失敗、諸事不順的經驗。

所謂科學，是建立在失敗的基礎上，為了真正進步，必須做那些不順利的實驗。革新也是從失敗中誕生的。**所謂成功，是為了了解什麼，非得挑戰某種不順利的事物不可**。許多人愈成功，就更難接受失敗，不由自主抵抗失敗。我也曾經遭遇這種情況。我也同樣愈成功，就愈難以將失敗的預測視為高度的挑戰，愈來愈不擅長忍耐。

大企業不做革新的真正原因

這種情況也能套用在公司上。譬如說，追求最頂級作業系統的微軟，如果想轉移到軟體這座新的山中，就必須先走下最高峰的山。這麼做困難至極，能夠做到的只有狂熱且瘋狂的人。順道一提，比爾．蓋茲做不到，賈伯斯就做到了呢。話雖如此，這是非常困難的事情，愈成功的公司，由於轉移期間的業績下降，因此轉移至具有破壞性的新科技是非常辛苦的。

企業的規模愈大革新就變得愈難，是因為找不到新的突破口。而說得清楚一點，是因為愈成功，愈追求完美和（效率面上的）最適化。變得追求自己已經達成的事物，或程序上最適合的事物。要有**新發現，必須做出與最適化相反的事情不可**。失敗的可能性高，賺的錢少，必須轉換至通往小市場的方向。不管怎麼看，在商務上都是惡劣的環境。

而已經成功、最適化的公司，愈無法忍受往完全相反，惡劣的商務環境前進。因為在這種場合，公司高層必須帶著堅強的意志向同伴宣言，與站在起跑點的其他公司一樣，利潤上不去，風險高，面臨的市場很小。

譬如，我在第三章曾舉例的合成肉，現在市場小，風險也高，毫無任何保障。大公司反而需要參一腳嗎？將公司本身的船舵轉向那個方向，不可怕嗎？把事情交給小公司處理，假如他們經營順利就買下那間公司當作子公司，這種應對怎麼樣？正因為巨大又成功，憑自己的力量無法引發這種革新，因此只能這麼做。

不過革新並非集權式，而是分散式的，因公司文化而根深蒂固。因此就算買下公司，也不會引起革新，這麼做只不過是買下解決方案罷了。就算這麼做，那個結果也不會成為已經根深蒂固在原本地方的東西，因此不會產生更多的革新。購買解決方案不是革新，只不過是普通的商業行為。

革新是從極限中出現的

我曾經向引發革新、改變世界的好幾名人士取材。**比爾．蓋茲、賈伯斯和傑夫．貝佐斯……當他們在世界上達到登峰造極的成就時，正位於混沌的谷底**，這是我的結論。公司、國家、網際網路等各式各樣種類的複雜系統，在某種層面上追求有條理的秩序。追求更有秩序的壓力在運作。沒有人喜歡混沌。員工經常抱怨「公司內部一片混亂，因此要取回更多規律啊」。

不過另一方面，事物急遽發生，或者變得無法控制，有著朝向原本渾沌前進的趨勢。我們在龐大的系統性研究中得知，能夠順利長期存續的，是遊走在有條理的秩序與完全混亂的邊緣之間，**在非常狹窄的縫隙上衝浪般滑行、存在的事物**。這麼做，擁有隨時隨地往兩側掉落的危險。

這麼做給人站在懸崖邊的印象，而正是那種懸崖邊緣，不僅能讓事物一直延續，正是最適合的領域，是個打擊甜蜜點。正因為是最活躍且成功的公司，給人的感覺是位於混沌邊緣，不會被完美的秩序束縛。假如沒有這種感覺的話，大概比起混沌，更偏向秩序的那一側，並非活躍的狀態吧。

實際的例子，就是電影或雜誌等定期推出成品的產業。在這種產業中，截止日是必然的排程。電影訂定了製作期間，譬如要十二個月以內完成，月刊雜誌則是每個月固定出版，而電視節目就像「六點新聞」排好了時間。為了打造完美的成品，得不辭辛勞。譬如，以雜誌《連線》為例，真的非常辛苦，甚至到懷疑每個月是否能順利出刊的地步。竟然能如期出版，簡直是奇蹟了。不過下個月，再下個月，每次都會發生奇蹟。假如事物真的活躍進行的話，每過一個月應該會更輕鬆呢。不過，總是在斷崖絕壁上徘徊，是因為每個月都在提到雜誌的品質。

我們總是把自己逼到那種境界的邊緣，因為**那裡正是最朝氣蓬勃的部分**。不鋌而走險，努力想保持秩序，結果還是把自己逼到懸崖邊，幾乎快掉下去，粉身碎骨了。那是日常的狀態，總是待在那種境界邊緣的部分，感覺幾乎快失敗了，但其實這塊邊緣之處才是讓人立下成功的地方。

然後，革新就是要這種小地方才能發生，變得愈巨大則愈無法辦到。雖然也有許多創投公司提供資金援助小企業，不過做巨額的資金援助或先行投資，比起順利推動革新，是為了收購。

因此，新創公司想盡可能募集資金的想法是錯的，資助他們鉅款，甚至也可能讓他們走向毀滅。他們得經過漫長時間才會理解這一點吧。不過，錢只要夠用到不會死人的地步就好。我以開玩笑的心態稱之為**「拉麵助跑」**。意思是「只要午餐時有錢吃拉麵就好」，當然吃泡麵也沒問題。

我也聽說，最近日本的創投公司有不少多餘的資金，而聚集了擁有好主意、好人才的新創公司，大學等處也提出不少資金。看著眼前的鉅款，實在令人難以拒絕呢。沒有人看見一百萬美元的贊助，會鼓起勇氣說不要的。不過頭腦真正好的人，知道天下沒有白吃的午餐。因此不會要求太多。只要有「拉麵助跑」就能夠做下去，拜此所賜，可以引起革新，充滿創意。

提議舉辦「失敗會議」

所謂革新，擁有效率不佳或從失敗中學習等性質。因此在矽谷，有種說法叫做**「積極的失敗」**，就算失敗、跌倒，從那個地方站起來的話，能夠學習某種東西。矽谷的重大革新，是不把失敗當作道義方面的問題而誕生的。這正是做科學一事，就算實驗後失敗了，會把這種情況當作通往成功的一個階段思考，不會予以責備。假如在日本，失敗或重新挑戰能夠更容易的話，革新也會更容易發生吧。

另外，最近新創公司的「敏捷軟體開發」備受矚目，這是指平常盡可能累積微小的失敗，累積後就不會造成重大的失敗。每當失敗發生，也能趁不嚴重的時候盡速應對，不讓狀態惡化，避免危機發生。無論出現多少損失也不責備，認為這樣就好。最近的趨勢中，這種微小失敗都是在早期以微小的形式發生的。

譬如說，我在第三章介紹的育成中心 IndieBio，旗下就有十五間新創公司。IndieBio 給每間公司二十五萬美元（約台幣七百五十萬元）的資金，給予四個月的期間待在研究室。而超過這段期間，發表的日子來臨，就要在許多投資家面前發表成果，接著畢業。

在四個月內，這些公司徹底嘗試自己的點子，得到周圍所有人協助。他們能夠獲得二十五萬美元的少量金援，四個月的研究室使用資格，以及支援。而四個月後畢業時，十五名畢業生做發表，展示成果。結果，有公司獲得更多投資，專案得以進行下去，也有公司就在此結束了。如果投資一百萬，做一年的嘗試，或許會失敗。不過這種投資，期間為四個月，花費二十五萬美元。

這段過程快速，縱使不順利，失敗也抑制在最低限度。**這正是敏捷**。說不定投資家會再給予四個月的緩衝期。或者，投資二十五萬美元或加倍五十萬美元，因此要求受資助者六個月以後展現成果。

不過，這種文化在其他國家，譬如說在日本，該如何做才能形成呢？日本的朋友曾經跟我說過，「日本視失敗為『恥辱』，非常困難」。

譬如說，失敗的人向成功的人訴說自己的經驗，這麼做怎麼樣？為了讓人積極看待失敗，讓社會變得能夠包容失敗，因此舉辦只討論失敗案例的會議。參加者尊重其他參加者，在那個場合只談論失敗。競爭發生什麼失敗、如何失敗，給予失敗後蒙受最嚴重損失的人獎勵。在這裡要滿臉得意地自豪：我的損失比你慘多了（笑）。

實際上我的朋友中，有個人兩年前蒙受紀錄性的損失，一敗塗地。他損失了五百萬美元（約台幣一億五千萬元）的鉅款。他的新創公司因大筆虧損而破產了，不過他引以為傲。

為了不停止思考

每天倒數剩餘人生的長度

我造訪耶路撒冷時，曾經歷「假如只能再活六個月，該如何活著」的修行，而我深感興趣，思索了各種事情；以此為契機，我學會使用顯示自己生命剩餘天數的時鐘。另外，音樂家布萊恩·伊諾也教了我，**把以後的人生換算成天數，而非以年為單位的思考法**。

譬如說，如果說還能活二十年，感覺還挺長的，不過換算成天數只有七千多個日子。參考保險等資料或政府公開的平均壽命的表格，調查我出生的一九五二年出生人口的平均壽命預測，假設為七十五歲。接著我用七十五歲去減現在的年齡，把得到的長度換算成天數，然後做一個時鐘。這麼一來，剩餘天數每天都會減少，放在電腦上顯示的話，每天都會顯示還能再活幾天。

「還有六千兩百八十天」顯示具體的數字的話，就會開始具體思索在這段日子應該做什麼。「還剩六千兩百天，今天該做什麼呢」能夠出現這種發現，察覺有太多應該做的事情，開始選擇想做什麼。

朋友史都華曾經告訴我一件事。他這個人會好好擬定人生計畫，不過他察覺，**幾乎所有計畫從擬定到達成為止的期間是五年**。不管是寫書、創立新公司、設立非營利組織等，平均花費五年。此時就會想到，以後還能打造幾個五年計畫呢？他已經快八十歲了，因此頂多再兩個吧。我頂多四個到五個吧。把人生當作基礎進行計畫的話，自己想做的事，能夠予以實現的並不多。

這種過程，能夠用在決定現在應該集中在什麼事情上。今天這個日子，能夠做我想做的事情嗎？如果只能再活六千個日子，今天就得是個吉日。因此今天會過得非常精采——能夠充滿感激與感謝的念頭。

滿意自己人生的人的共通點

假如要我對年輕人提出建言，我會這麼說吧。「與一輩子走在自己以後想走的道路上的老人家共度一週。接著，詢問像是『至今為止，您對什麼事情感到後悔呢？』，詢問他對自己的評價」。也可以詢問對方最尊敬的人是誰。接著思考對方這麼回答的原因。

滿意自己人生的人，有好幾個共通點，那就是**一直抱持「我是誰」的疑問**。其他人身上沒有，更適合自己、擅長的事物是什麼，回答這種疑問是最困難的。為了回答，必須非常認真做深度的自我探索，也就是了解真正的自己。藝術家、發明家和編輯一直被這麼要求。

我身為編輯，藉由閱讀許多雜誌而這麼做，那是因為雜誌是擴充編輯個性後的產物。那是一種自我表現，必須接觸想展現某種事物的自己。人生並非懂得妥善交涉後大賺一筆而已，也不是擁有某個好點子而努力就好。公司這種地方，也就是展現你的個性、人格的你自己。假如不太了解自己，那麼就難以在擴充的公司中存活下來吧。

譬如說，假如有人認真問你「明天我給你十億美元（約台幣三十億元），你想用那筆錢做什麼？」其實必須回應一個好答案才行呢。購買帆船，或者買棟房子給雙親都不錯，不過幾乎所有人都無法給一個令人滿意的答案。必須找出與其他擁有十億美元的人不同的答案。

大多數人會用沒錢當作藉口。因為沒錢，所以想做的事情無法達成，這種說法最沒有意義，只是在沒有達成商業、發明和其他事情時的，判斷錯誤的藉口罷了。而對新創公司和創業家而言，創業時手中資金太多，反而也是失敗的原因。**因為沒錢，所以會思索許許多多方法，嘗試發明，能變得極富創意**。

我想再向年輕人建議另一個我曾經實踐的事情，那就是安排一段期間嘗試體驗口袋空空的貧窮生活。譬如說，前往非洲的村落在那裡度過兩個星期，或者帶著帳篷和少量糧食便出發健行。接著，便能夠了解手中空無一物的喜悅，獲得就算一無所有也能活下去的覺察。

由於我年輕時嘗試自己蓋房子，假如失去一切，住家被火燒了，股票市場崩盤、失去一切財產，至少我有自信能自己蓋一間住家。我也曾經歷過睡在睡袋裡，光靠大豆和白米維生的日子。因此就算沒了工作，身無分文，陷入這種最差勁的事態也沒什麼好怕的，我有自信，飲食粗糙和在睡袋裡生活都沒問題。由於我體驗過底層的生活，因此就算新創時失去一切，這種最惡劣的事態也不令我害怕。**只要嘗試度過貧窮的生活，以後就不會害怕承擔風險**。

即使結婚，有了孩子，也不會改變。我在尼泊爾住過用泥土搭建的房屋，和擁有一大堆小孩的家人過生活。雖然他們貧窮，但真的很幸福。我從這種經驗，只要讓小孩吃飽，就有自信讓他們幸福長大。我在蓋房子時，和家人五個人住在有廚房的套房內，只要肯做，就能建立自信。

小孩子不需要昂貴的嬰兒車或嬰兒圍欄。最需要的，是和雙親一起度過的時間，仔細照顧孩子。丟掉昂貴的玩具，親自念書給小孩子聽，要好得多了。

寫作是思考最好的方法

我在二〇一〇年，寫了《科技想要什麼》，內容是科技共通而普遍的法則。我在撰寫這本書時，調查了許多歷史，讀遍各種書籍。大多為歷史書籍，是有關科技和藝術進步的書。我直接拜訪意見有趣的作者，和他們聊天。

不過在這之中，對我幫助最大的是直接動筆寫作。寫作，是促進思考的方法之一。我在寫作前，不太清楚自己到底在想什麼，不過**嘗試下筆寫作後，便能夠察覺自己過去並沒有真**

正了解的事情。

接著我又繼續閱讀，或者聆聽許多人說話後，總算了解、接受了……然後又開始寫，寫了幾行左右，又開始思索其實自己根本什麼都不懂，不斷重複這個過程。我也曾經出門散步，返家時靈光乍現「我懂了！」這個過程非常耗時，一邊重寫，一邊以自己的方式逐漸理解。我寫了大量部落格就是這個原因。寫了某個主題，發表，主張，這段期間完成最初的草稿。嘗試寫作的過程本身，就是在思考。

我幾乎同時做這些事情。譬如說，我取材了鏡像世界，對此深感興趣，寫了一本關於虛擬實境的書籍，順勢聽到了擴增實境雲的話題。我思考什麼是擴增實境雲技術，調查後心想「這可真有意思」。這種技術可能實現嗎？這種用語都是誰在用呢？用語本身是什麼意思呢？我深入調查這些事情。

接著我想閱讀更多資料而找書，但沒有合適的書籍，只有論文或報導。我寫電子郵件給專家，請教對方寫的論文內容。接著我閱讀、談論了夠多各種不同的資料後，便想到由於沒有人寫這一塊，那麼我便自己寫寫看吧。

之後，我闡述自己的想法給許多人聽，詢問對方是否理解，把書寫的文章交給對方，聆聽意見。我想知道實現的可能性，因此見了相關人士，請他們讓我看實際例子。因此我在《連線》雜誌上提案，會見相關人士，訪問他們，坐飛機前往各種場所，回來後就交出原稿。

接著約莫兩個月，我和相關人士預約，見面後請對方讓我看展示品。我總是在思索，要寫自己實際上親眼所見、體驗的事情。因此我才直接去找了阿米希人。我需要具體的體驗。

接著基於這些取材，我交出《連線》雜誌上普通兩倍長的原稿。我寫太多了，編輯部讀過之後，刪除了一半內容。

就像這樣，我花了五到六個月持續思考擴增實境雲的事情，書寫內容，和專家見面，徹底思索一番後又有了其他想法，也獲得了建議，我就做了這些事。

我察覺，自己並非真正的寫手。許多寫手都能寫出精采的故事，是天生的作家，不過我更對事物的架構、背後的哲學和原理更有興趣。因此我和其他寫手不同，寫的是整體的構造和議論的一部分。

展示為了理解某件事的框架和理論，令我感到喜悅。對於許多人或寫手而言，這麼做並不容易，不過對我來說輕而易舉，我喜歡這麼做。相對的，我不擅長描寫節奏明快的故事，這就交給別人吧。

在人工智慧時代「思考問題」是人的工作

日後，「隨時隨地詢問」練習和習慣，會成為人類最基本、最有價值的活動。已經知道答案的事情只要詢問機械就好。假如人類擁有價值，就是對於不曉得答案的問題，不斷思考「這麼做會變得如何？」或「這是什麼情況？」一事。

詢問正確的問題，這件事會產生價值。這就叫做革新，是探索、科學和創造性。**人類的工作會轉變成問問題與處理不確定性**。

接著我來簡潔說明我「問問題」的思維吧。即使說到提出問題，想像反烏托邦是無法解決問題的。雖然只是閒聊，不過觀賞科幻電影時，幾乎所有作品描寫的都是反烏托邦的世界。「在地球上，將來想過著那種生活」我完全沒見過哪一部好萊塢的科幻電影懷抱這種夢想。

能當做提示的其中一種做法，就是對於被視為常識、大家認為理所當然的事情抱持疑問，接著常識顛覆後思考。幾乎所有場合中，被視為常識的事物是正確的，但其中還是混合著錯誤的東西。只要能夠發現這一點，就能夠當作新的洞察。因此，**保持懷疑常識的習慣**很重要。這麼做，有助於建立新的故事和假說。

舉例而言，請試著思考如果「摩爾定律」（指一九六〇年代美國英特爾創業家提出，半導體的電晶體數目在十八個月內會增加一倍的經驗法則）突然停歇了，會變得怎麼樣呢？雖然每個人都認為摩爾定律會一直持續下去，不過假如定律失效的場合，將有莫大的變化來襲，我過去說過的所有事幾乎不會實現了。另一方面，試著思考如果摩爾定律發生的速度變快了，會變得怎麼樣。假如速度比現在快二十倍，會發生什麼事呢？這種場合，由於每年的變化變得極大，因而將演變成截然不同的故事吧。因此，用這種方法顛覆常識，嘗試思考，思考日後未來時，能夠當作強而有力的提示。

另一點，就是**找尋證據**。假設思考未來的故事時，腦海裡浮現某個點子。在那之後應該做的是尋找具體的佐證。就是找尋是否有相關的研究論文和證據。如果找到了，那麼就繼續探索下去，是否有其他更多能當作鐵證的證據。這麼一來，就能一邊取得那則故事的證據，一邊成立真正的預測。而相對的，如我剛才所說，某種現象加速的場合，譬如摩爾定律加速二十倍的場合會變得怎麼樣；如果這樣假設，那麼就搜尋是否有相關的佐證或者研究論文。

構思未來的過程，一半是發想（點子），剩下一半是尋找支持實現的佐證和做法。

寫在最後

接下來的五千天，將比過去五千個日子發生更大的變化

網際網路開始普及後經過約莫五千個日子，社群媒體開始興起。接著，現在是社群媒體開始興起後，經過約莫五千個日子的時候。

接下來的五千個日子，與過去的五千個日子相比，一定會發生更大的變化吧。現在圍繞著我們的科技，幾乎都是老舊的東西。木頭、水泥、迴路已經不新了。過去五千個日子中發生的變化，不是對於全體事物，而只不過是非常微小的現象。而**這種非常微小的變化，在接下來五千個日子中會帶來更大的變化**。不過世界上百分之九十五的事物完全不會改變，維持現狀。

我們所議論的就是這種非常微小的變化。不過這種微小變化，在日後五千個日子中會變化得更劇烈。幾乎不是物理層面的變化。工業革命是重新配置物理層面的世界。建造高聳的摩天大樓、寬敞的道路和水壩，重新做都市建設。不過未來，這種事情不會發生。因為不僅限於日本，全球人口都有減少的趨勢，人類不需要更多的基礎建設了。

未來發生的幾乎所有變化都是精神層面的，因此是我們的人際關係、打發時間的方法、看待自己的方式、人生觀、與其他人或許許多多對象如何交際等意義上逐漸變化。我們人類是什麼，如何理解事物，讓科學變化，如何探究真理等方面的變化。因此，這些變化是肉眼看不見的。在未來五千個日子內，就會發生這種方面的變化。

我們對於科技有著過於擔憂的傾向。不把古老的科技帶來的壞處視為問題，僅判斷新科技似乎會造成的危害。我們不應該把新科技似乎會造成的壞處，和過去科技帶來的許多壞處相比。對於新科技，應該更公平看待後評估。面對太陽能發電、加密貨幣、基因工程和人工智慧等都一樣。將這些事物的好處與壞處，和現有的科技做比較。

科技讓「選擇的幅度」增加

我在本書提過，「科技百分之四十九是壞的一面，百分之五十一是好的一面，因此人類一路走來，愈來愈進步」。科技變得愈來愈強大，就會造成與其同等程度的危害。以前殺人時只用槌子打，現在不僅有輻射，也可以用過去不存在的病毒或無人機下手。不過，科技同時也會為我們帶來新的選項。能夠用新的方法傷害人的話，也能幫助人。也就是說，**科技帶給我們新的選項**。

對於某種事物造成危害的自由，最後帶來好的結果，真是不可思議。不過，增加新選項的話，就有使用這種科技的價值。畢竟只要在那種地方出現僅有百分之幾的好處，就足夠了。

如我先前所述，只要回顧歷史就曉得了。取得平衡後，好的一面稍微多於壞的一面，因此整體而言有了好的結果。

譬如說，我們來思考氣候變遷問題吧。科技進步，會做出更多便利的東西，讓我們的生活變得更方便且安全。也有人會指出，氣候變遷問題就是這種情況的副產物之一。

不過我認為，我們人類還能夠管理科技造成的氣候變遷。或許解決問題有難度，不過能夠管理吧。比如說，管理實際的氣溫上升，長期調整海平面上升率或氣候。或許無法恢復成過去的數值，不過可以應付變化，把變化抑制在最低限度。萬一出現什麼變化的話，只要每次處理即可。要說為什麼，因為這麼做很費時。然而許多人都滿心期待「明年就要解決問題」。不過實際上，譬如會花個七十年，花時間管理變化和變化率。

解決某種科技的方法，**不是讓科技減少，而是把科技變成好的東西**。雖然評論家和環保人士主張「使用太多科技會發生問題，因此全球應該抑制使用量」，但我覺得這種想法不對。只有讓更多、更好的科技增加才能夠解決。

後記

身為樂觀主義者

大野和基

最困難的在於了解自己

如「序」中所述，本書的雛形，也就是訪談，大多在從洛杉磯機場往西邊約十二、十三公里的山麓，於大自然環繞下的ＫＫ家中進行。

我回憶起每日從飯店前往ＫＫ家的二〇一九年夏天，那一年與ＫＫ談話成為開端，我開始自省自己過去的人生和生活方式。與ＫＫ談話，就是帶給我這麼多思考的糧食。尤其閱讀過第五章「傾聽科技就能夠了解未來」、第六章「革新與成功的矛盾」，幾乎所有人都會開始被啟發，反思自己的人生吧？

如果太悠哉，是否會跟不上加速的變化呢？我腦中一瞬間浮現這種焦慮，不過也為了不被這種變化牽著鼻子走，就像ＫＫ所說的「學習學的方法」。

雖然方法因人而異，「學校的教育不要只教專業科目，應該盡可能教導範圍廣泛的知識，培育通才」，「整體而言必須持續懷著廣泛的觀點」。我們從學校畢業後，並非在這裡停止學習，而是必須把這些當作基石，從那裡找出適合自己的「學習學的方法」才行。

稍微回顧我自己的人生，一路走來還挺曲折的。我在日本學美國文學、國際關係等學問，到了美國專攻化學後，進了醫學系，念到二年級退學後，進入記者的世界裡，因此看在任何人眼中都是極為繞路的人生，我認識的人中，不少人都跟我說過「為什麼不念醫學系了？好可惜」，不過答案很簡單。因為我察覺自己顯而易見不適合當醫師啊。

幾乎所有人活著時都不了解真正的自己，而ＫＫ說了，「其他人身上沒有，更適合自己、擅長的事物是什麼，回答這種疑問是最困難的。為了回答，必須非常認真做深度的自我探索」。

記者這種職業和ＫＫ有共通的地方，因此思維、發想等處有許多共通的。至今為止，我也收集沒有被報導過的第一手資訊，直接與人會面，聆聽對方說話，接著書寫。ＫＫ說，「嘗試寫作後，就會察覺自己完全不了解」，正因如此，「需要具體的體驗」。不管讀遍多少書籍和論文都覺得不太對勁。許多地方令人狐疑。為了解除這些疑惑，直接向作者見面。這可是記者的基本功。

在這層意義上，最了解讀書極限的人，或許就是記者吧。

許多成功人士的共通點

我在這三十五年的記者生涯中，採訪了好幾千人，也見過不少所謂的成功人士。那些人共通的地方，就是全都是樂觀主義者，沒有例外。

ＫＫ也是如此，他說過「這種想法幾乎等同於信仰或信念」，把這種信念斷言為樂觀主義教派的宗教也不奇怪，就是這麼強烈。能夠看見乍看之下不曉得從何著手般的不可能也好，由於骨子裡是樂觀主義者，因此可能突破，這麼說也不為過吧？正因為身為樂觀主義者，才會湧出ＫＫ口中的「自發性的想像力」。

日本社會有著對失敗的人冷淡對待的傾向，而ＫＫ提議「為了讓人積極看待失敗，讓社會變得能夠包容失敗，因此舉辦只討論失敗案例的會議」，即「失敗會議」。

過去我曾訪問的「成功者」，也都異口同聲地斷言從成功學不到什麼東西。我也訪問過將近二十名諾貝爾得獎者，而二〇二〇年榮獲諾貝爾化學獎的珍妮佛・道納，也開發了本書提到的基因編輯技術 CRISPR-Cas9，是名才華洋溢的科學家。我憶起，她曾笑著說過「幾乎每個實驗都失敗了」。從好幾年內不斷失敗邁向成功，需要偶然和僥倖。而這種僥倖或許只會降臨在樂觀主義者身上。

最後，我想借用這個場合，對於下述人士表達內心的感激，包含企劃了這個訪談、陪同取材並且擔任編輯的大岩央先生，和細心翻譯這場馬拉松取材的服部桂先生，以及每天撥出不短的時間回應訪談的ＫＫ。

二〇二一年九月於那須高原

大野基

譯者解說

為什麼KK能夠看見未來？

服部 桂

逼近科技本質的論述

進入二十一世紀後，已經過二十年，被稱為數位原住民的Z世代年輕人也逐漸長大成人。不過，倘若把這個世紀比喻成人類，現在與成人相去甚遠、多個波濤洶湧的現象仍在發展。

在KK那一代，年輕時描繪的未來象徵新世紀，以九一一攻擊事件開始，實在諷刺。接著在二〇〇八年發生金融風暴，二〇一一年日本發生三一一大地震和福島核能事故，二〇一九年出現的新型冠狀病毒和百年前的西班牙流感相似的慘劇，現今仍不斷發生。

另一方面，一九九〇年代興起的網際網路作為數位化的先驅，不斷擴大，任何人都能處理、發布資訊。同時，智慧型手機和社群媒體超越國家規模，甚至影響國際經濟和政治，科技四巨頭甚至成長至左右國際社會命運的規模，原本我們根本無法想像的狀況，成為現實了。

為什麼這種劇烈變化會發生，而世界又朝著何處前進呢？ＫＫ口中的人工智慧和鏡像世界統治的未來，已經近在眼前了嗎？

尋找這些現象背後最具象徵性的主要因素，就會達到資訊科技、資訊與通訊科技也會用的「科技」。不僅限於最近的科技，回顧人類的歷史，奠定從石器時代到工業革命四點零為止的文明舞台，正是這種形形色色的科技。

被譽為科技時代預言家的ＫＫ，是正面看待這種科技，接近科技的本質，切入現在最重要問題的核心的一位評論家，出版了多本著作和透過演講，在全球各地獲得了不少粉絲。

從一九九二年的《釋控》，一九九八年的《新經濟的新規律》，二〇一〇年的《科技想要什麼》，到二〇一六年的《必然》，他向世界送出以科技為題材的革新著作，所有著作都受到廣泛讀者層極高的迴響。

ＫＫ生活的時代與科技

ＫＫ在本書中談到自己的經歷，而為了更深入理解他所主張的科技樣貌，因此我參考了他的著作《科技想要什麼》，以及雜誌《連線》過去的訪談，稍微補充他成長時期的背景。

他於一九五二年誕生，正是二戰後的混亂平息，新工業化和基礎建設開始進行的時期。一九五〇年代，也開始播放彩色電視節目，一九五六年舉辦第一場人工智慧會議，一九五七年蘇聯發射人工衛星史普尼克一號，新科技開始為世界帶來極大的變化。在他前後被稱為嬰兒潮的二戰後的那一代，牽引了之後的潮流。

一九六〇年代，也正式進入宇宙時代，甘迺迪總統宣布阿波羅計畫，把人類送往月球。另一方面越戰發生，年輕人被送往戰場，大學中反戰運動和公民權運動變劇烈，年輕人聚集聽搖滾，ＬＳＤ等迷幻藥也廣為流傳，離開社會自由生活的嬉皮變多了。這個時代的年輕人對父母那一代的文化抱持反感，反文化運動興盛。

戰爭時進步快速的電腦技術，被蘇聯宇宙開發領先一步，美國國防部陷入國土保安危機意識，成立名為ＡＲＰＡ的研究支援機構，投入大筆研究資金，一口氣拓展研究，也建立了網際網路的祖先ＡＲＰＡ網路。接著以ＩＢＭ為代表的大型電腦成為資訊司令塔般的東西，以政府和大企業為中心，開始發揮計算能力。

電腦不僅把人類送往月球，且被運用在冷戰的後勤支援，成為支援大企業策略的事物，有人因而對電腦的未來心懷期待，相對的也愈來愈多人害怕電腦是否會反過來統治人類。

年輕人面對這種新科技的浪潮，並追求自己那一代的特性（identity）。排斥被體制束縛而成為嬉皮的年輕人，在一九六八年史都華創立，使用宇宙開發後首次看見整個地球模樣的照片、謳歌地球意識的雜誌《全球概覽》，和企業和政府劃清界線，開始摸索運用自然能源的社會、親手打造生活、自力更生的生存方式（另外，這本雜誌其後引用了二〇〇五年賈伯斯在史丹佛大學畢業典禮上的演講，蔚為話題）。

當時就讀高中的ＫＫ，正處於這種潮流之中。他父親是氣象學的專家，喜歡數學和科學，聽說在自己房間打造了自然博物館，也對藝術有興趣，因此對於拍攝展現科技與藝術雙方的照片產生興趣。

他進入大學就讀那一年的暑假，耽溺於讀書時，閱讀詩人華特·惠特曼描寫在全美自由流浪的《草葉集》（一八五五年發表），大受感動，在曾前往台灣留學的朋友建議下，只帶著相機，來了一趟自由流浪的旅行。在那十年內，過著來往於日本、中國、印度甚至中東的生活。

電腦的出現與科技觀的變化

當初，ＫＫ曾經排斥「權力道具」的電腦，不過在一九七〇年代末期，蘋果等公司開始推出電腦，出版旅遊雜誌等工作上開始會接觸電腦。朋友教他把電腦和電話連接的電腦通訊，把變小型的電腦當作溝通的道具後，他察覺這就是以後人類嶄新的溝通道具，因此對於科技的想法開始改變。

接著，他收到憧憬的《全球概覽》的品牌委託，幫忙評估電腦軟體的雜誌做事，同時從運用「The Well」初期網際網路相關會議系統的經驗，更詳盡了解最尖端的科技。

一九八四年，作家史蒂芬．李維推出《駭客》，ＫＫ對於年輕人在電腦做的新世界中累積高度知識，推動獨特文化的模樣深感興趣，因此舉辦了新舊電腦開發者齊聚一堂的駭客年會。

另外，他也擔任《全球評論》（《全球概覽》的後繼雜誌）的編輯，與電腦文化逐漸開花結果的矽谷接觸的機會也變多，一九九〇年舉辦了虛擬實境初次問世的活動「Cyberthon」。

接著，彙整透過雜誌取材等機會獲得的科技趨勢的第一本著作《釋控》中，描述了網際網路開始普及的整個資訊世界，如生命現象般擁有複雜動向的樣貌。

其後，他率領牽引數位時代文化的雜誌《連線》，不僅針對科技本身，也對科技引發的文化、經濟、社會的變化廣泛取材，不過當雜誌被大出版社康泰納仕吸收後，便以「不想在大公司上班」為由，成為自由接案者。

一九九八年，由於前作《釋控》中對於經濟影響的內容獲得極大的迴響，因此便撰寫《新經濟的新規律》，「贏家全拿」法則和免費增值經濟的意見引起話題，作為網路時代新商業模樣的書籍備受矚目。

科技是種生命——「科技想要什麼」中的思想

當ＫＫ愈來愈常接觸最新科技時，他年輕時對科學和藝術的興趣，對於科技複雜的想法等甦醒，便思索「說到底，這些所有事項根基的科技，到底是什麼？」

於是，他便採訪熟悉科技的研究家和創作家，透過網路上的部落格發問之際，察覺沒有任何人正確掌握科技的涵義。

那麼就只能自己來探索了——他花費好幾年辛苦寫完的，就是在二〇一〇年出版的《科技想要什麼》。他第一本著作中，已經指出資訊世界與生命的相似程度，而更加深描寫，主張科技本身和生命同樣是構成宇宙的「科技系統」極大構造的一部分。

也就是這個意思。一般人認為科技只不過是人類驅使人工技巧的便利工具，不過俯瞰科技的發生至進化，和生命的起源和進化根本一模一樣。數位的一和零的理論集合，與生命基本要素的基因匹敵，把作為資訊的秩序當作代碼和程式看待，成為生物個體般的配置，進一步如群體般連接著網路發展，便與人類共存，作為巨大社會、經濟性的現象而運作。

這麼思考的話，奠基人類歷史舞台的科技，是與宇宙生命共存的另一種生命的範疇（生物分類學上最高級的「域」），是他的主張。宇宙本身在大霹靂時期只有能量，而在僅僅一瞬間後冷卻，化作物質，接著形成天體和銀河，之後無機質的物質彼此的關係出現，全部散去後，違反隨機均質化的熱力學法則，形成資訊的秩序，生命誕生了。以同樣的視野議論這種由物質界的秩序誕生的生命與科技，是他的觀點。

而如此壯大的思想蔚為好評，被翻譯成中文後，開始收到把這種說法應用在現實網路和數位世界中的回饋。而寫進更具體的實踐例子，就是二〇一六年的《必然》。

走向接下來的五千個日子

以上介紹的就是ＫＫ的著作，他已經一陣子沒有提筆了，不過在本書，以ＫＫ過去著作中描述的數位時代的科技為基盤，由採訪許多全球話題最先鋒知識家的大野和基先生和編輯大岩央先生精準地切入疫情時代以後的近未來社會。

「只要傾聽科技，就能了解未來」是他的主張，就像冷靜觀察生物的特徵就能分類種類的生物分類學之父林奈。不要被每天新推出的每個商品和潮流奪走目光，只要觀察本質上更深層的構造，就像達爾文觀察許許多多生物全體後提出進化論般，就能夠判斷科技做出的世界擁有何種趨勢，會朝著何種地方前進。

就算科技的樣貌產生變化了，觀察科技的我們這些人類的本質不會變。不是被觀察對象的變化奪走注意力，而是面對自己的內心和本質，冷靜看著世界的話，就能夠應對任何變化。ＫＫ曾在亞洲流浪，擁有東方的精神和西方的知識，沒有漏看科技帶來的「微弱而好的趨勢」，只要側耳傾聽他的話，您一定也能夠看見未來吧。

二〇二一年九月十一日

5000 天後的世界：
繼網際網路、iPhone、社群網站之後，全球科技趨勢大師 KK 的未來預測

作　　者　凱文・凱利（Kevin Kelly）
採訪編撰　大野和基
日本版譯者　服部桂
譯　　者　黃品玟
選 書 人　王正緯
責任副主編　王正緯
專業校對　童霈文
封面設計　徐睿紳
行銷統籌　張瑞芳
行銷專員　段人涵
出版協力　劉衿妤
總 編 輯　謝宜英
出 版 者　貓頭鷹出版

發 行 人　凃玉雲
發　　行　英屬蓋曼群島商家庭傳媒股份有限公司城邦分公司
104 台北市中山區民生東路二段 141 號 11 樓
劃撥帳號：19863813；戶名：書虫股份有限公司
城邦讀書花園：www.cite.com.tw　購書服務信箱：service@readingclub.com.tw
購書服務專線：02-2500-7718~9（週一至週五 09:30-12:30；13:30-18:00）
24 小時傳真專線：02-2500-1990~1
香港發行所　城邦（香港）出版集團／電話：852-2877-8606 ／傳真：852-2578-9337
馬新發行所　城邦（馬新）出版集團／電話：603-9056-3833 ／傳真：603-9057-6622
印 製 廠　中原造像股份有限公司
初　　版　2023 年 1 月
四　　刷　2024 年 2 月
定　　價　新台幣 360 元／港幣 120 元（紙本書）
新台幣 252 元（電子書）
I S B N　978-986-262-597-2（紙本平裝）／ 978-986-262-598-9（電子書 EPUB）

讀者意見信箱　owl@cph.com.tw
投稿信箱　owl.book@gmail.com
貓頭鷹臉書　facebook.com/owlpublishing

國家圖書館出版品預行編目資料

5000 天後的世界：繼網際網路、iPhone、社群網站之後，全球科技趨勢大師 KK 的未來預測／凱文・凱利（Kevin Kelly）、大野和基、服部桂著；黃品玟譯. -- 初版. -- 臺北市：貓頭鷹出版：英屬蓋曼群島商家庭傳媒股份有限公司城邦分公司發行, 2023.01
面；　公分.
譯自：5000 日後の世界
ISBN 978-986-262-597-2（平裝）

1. CST：未來社會　2. CST：資訊社會

541.49　　111018156

本書採用品質穩定的紙張與無毒環保油墨印刷，以利讀者閱讀與典藏。